精英論壇系列

主編 黃肇瑞

站在舒適圈看初心

Always Remember
Your Initial Aspiration

成大出版社
National Cheng Kung University Press

目次

CONTENTS

推薦序

PREFACE

追求真善美，做好一個「人」，是我求學時學到最重要的處世態度；多年來的行政歷練，教導我的信念是「利他」。回顧以往，承蒙各級長官與前輩們的提攜與舐犢之情，同僚間互相砥礪、信賴與同甘共苦，這些點點滴滴都是我每天工作動能與熱忱的泉源。我珍惜謹記過往的學經歷及行政歷練，讓我從不同面向發掘自己，見證善性循環；在經歷層層磨練與考驗後，於待人接物、為人處事上成長，以傾聽、同理、接地有感內斂成個人特質，以溫馨服務、安心同行內化成個人行為。原來，這些歷練養分影響著每個念頭、每股力量，只要帶著熱情與感恩，順心且順其自然往前走，抬起頭來就能發現，已經抵達想去的地方。

「行行出狀元」教育出各行業都需要的優秀人才，是必要，也是必須。今年度的精英論壇系列邀請十三位傑出講者，來自工業、教育、藝術、科技、體育、自媒體等各方不同領域，分享豐富的心路歷程，從他們的人生故事中，也能一見正念、利他、熱情、勇敢及創新等不可或缺的成功心法，並透過第五本專書《站在舒適圈看初心》將精彩演說化為文字；演講後，聽講學生深受講者真實而勵志的自傳所吸引、感動，獲得啟發之餘並給予回饋。相信過去與未來在每場即時互動交流中，彼此都會更加茁壯，而成功者的智慧與經驗，也將傳承、流芳。

國立成功大學校長　沈孟儒

推薦序

PREFACE

二〇二二年，我在材料科學與工程學系黃肇瑞教授的邀請下，到成大通識教育課程「精英論壇」演講。這門課程開設多年，一直受到學生熱烈迴響。每一學期邀請各領域的名人精英，走進教室分享生命經歷，目的不是為了讓學生們「複製」這些成功模式，而是藉由不同背景、各種角度闡述的人生故事，帶給學生更多啟發與積極追求夢想的力量。

我曾笑稱自己是「最老創業家」，至今仍持續投入創業，可見「生涯規劃」是一輩子的課題。成大學生非常幸運，能有黃肇瑞教授前瞻視野、高大格局下打造的這門生涯規劃課程。

黃教授投入許多心力，不僅將理工科技、人文社會、運動藝術等各專業人是匯聚一堂，課程結束之後，更將講座內容集結成冊，《站在舒適圈看初心》是精英論壇系列出版的第五本書，不僅為紀錄這些精彩的演講內容，也讓更多無緣親炙這堂課程的學生及各界人士，有機會透過文字體會所有講者的豐富故事。

在此也鼓勵所有年輕朋友們，如同《站在舒適圈看初心》中十三位優秀人才，勇於追逐夢想，逐夢踏實，懷抱力求突破困局的信念，能不受出身背景、專業領域的框架侷限，勇於想像未來的模樣，不僅更了解自己，也能忠於初心，創造出新的價值。

宏碁集團創辦人　施振榮

導論 INTRODUCTION

二〇一六年八月，我卸任了國立高雄大學校長的職務，回到成功大學任教職之後，一直在思考：除了教授本身的材料科學專業課程之外，是不是可以為高等教育及下一世代的傳承，多盡一份心力？經過一段時間的思考、沉澱和籌劃，並獲得企業界朋友的贊助，而向學校通識教育中心提出開設與「生涯規劃」相關的精英論壇系列課程，課程的講師是由來自產、官、學、研、醫藥、文化、藝術、科技、人文、媒體等各個層面的名人精英，講授內容涵蓋理工科技，人文藝術，民生社會等多元化領域。

設計本課程的動機是期望藉由這些傑出的講者，以過來人的身分傳承過去的智慧和經驗，告訴年輕人：人生是否可以預作規劃？如何做好生涯規劃？當面臨人生轉折點的時候是如何做決定？如何做好機會來臨之前的準備？以跨域學習，拓展視野，加強國際觀作為基石，希望學生在與講者的近距離接觸及言談互動之間，受到無形而深遠的影響和啟發。

授課方式使用成功大學教學網路平台（Moodle），學生於上課之前需先搜尋並上傳該堂課講師的資料，並於授課結束後的一週內繳交當節課聽講的心得報告。此外須於課外時間自行選擇閱讀一本講員推薦的書籍，並於學期末前繳交一份書面的讀後心得報告。在學期初的第一堂課，即將修課學生以不同學院和系所混合編組的方式，將每五位同學分成一個小組，各組需經由共同討論之後，由全部講員推薦的書單中，挑選一本書一起閱讀及討論，並於課中進行公開的分組口頭報告，由修課同學相互評分。期望引領同學在準備上臺報告的期間，彼此作到領域互補，相互交流、和激發思考。

同學們從不同背景的講員中，透過不同角度述說的個人生命故事，可以獲得不一樣的激勵和啟發，更認清自己的能力和性向，有助於更了解自己，做生涯規劃時，選擇與自身能力及興趣相符合的工作。

為了讓更多沒有機會修習到這門課的人，也可以由講員的精闢演講中獲益，因此在取得講師的同意之後，聘請工讀生將授課內容做逐字稿的整理，彙整成冊，公開出版，非常期待藉由發行這一系列的叢書，能夠使更多人獲得影響和啟發，找到屬於自己人生的「康莊大道」。

由於這本書是由各個層面的名人精英，以口語聊天的方式來述說自己的經歷，因此適合的讀者並不只限於準備作生涯規劃的年輕人，即使是各種年齡層或不同行業的讀者，也可以藉由這些精英名人親自口述自己的生動生命故事當中，體會他們的經歷和睿智的思考，在平易、生動、有趣的故事中，可倍感獲益良多。

精英論壇系列的第一本書《精英的十三堂課》已經在二〇一九年五月出版，第二本書《從答題到出題》在二〇二〇年七月出版，第三本書《人生的金字塔》在二〇二一年五月出版，第四本書《走出不一樣的路》在二〇二二年十月出版。

《站在舒適圈看初心》是精英論壇出版系列的第五本書，書名源自璨揚企業黃文獻董事長，在本書中的一篇文章題目。本書的內容依然精彩，是由十三位講員的授課內容，所彙整而成。

能夠順利出版這一本書，要衷心感謝許多人。首先要誠摯感謝某知名企業、旺宏電子吳敏求董事長、璨揚企業黃文獻董事長及三隆齒輪股份有限公司廖昆隆董事長的共同贊助，感謝他們對於支持高等教育的熱忱，和對於社會的回饋。也要感謝願意一起為高等教育盡一份心力的許多精英講員們，謝謝執行課程大小事務的總管黃雅芳秘書，及幫忙錄影錄音和撰寫逐字稿的研究生助教們、還有成大出版社吳儀君及協助文編的林雅雯。也要感謝負責由臺南高鐵站接送講員的老婆孟旭，她也因此獲得不用繳學費而可以旁聽的優待。感謝書中多位為我寫序的前輩和朋友，謝謝你們欣賞並推介這本書，衷心感謝。

最後，當然是要誠摯的感謝正在閱讀這本書的你，希望你會喜歡這本書，也謝謝推薦給其他各個年齡層的廣大讀者。

黃肇瑞

二〇二三年七月

璨揚企業股份有限公司董事長
黃文献

璨揚是臺灣最大商用車燈製造廠，位於臺南科技工業區的總部廠區種滿綠蔭、生機勃勃。它最為人知的莫過於重視企業的社會責任，不僅視人才為寶貴的資產，並帶領員工行善。

重要推手黃文獻董事長出身臺南農村貧困家庭，曾任沖床廠員工、車燈廠廠長，一九八一年創立璨揚，從基層白手起家，懷著共好及利他的理念，「從卡車車燈到點亮社會心燈」造就了「幸福企業典範」的璨揚公司！

黃文獻・演講

站在舒適圈看初心，用車燈照亮世界

演講開始前，請大家做一件事，拉耳朵一百下，當耳朵經絡循環好，身體也會比較健康。再請各位做一件事，跟隔壁的同學朋友認識一下，或許這個人就是你這一生的貴人。人的一生，有時候貴人不經意就出現在你的周遭，但是往往也會被輕意忽略。

成大校園很美很多地方值得大家去走一走，其中一處名為成功湖，當你成為成大學生，某種程度上已經邁向了人生第一個成功。很高興有機會可以來為大家分享，在成大讀EMBA時，管院市場學的老師講了一句話：「人生最大的成就與快樂，是來自於價值的創造與分享。」今天就是以分享的心情，將我人生中三十幾年的創業過程，分享給大家。

今天的主題是「站在舒適圈看初心」，每個人一定會有初心，這個初心會引領你走向人生不同的路途，路途中就看你如何發揮、如何應用，並時常提醒自己不忘初心。

立足臺灣，放眼世界

二〇〇三年進入成大EMBA就讀，感謝成大讓我開了眼界，從不知道什麼是電腦到學會電腦，再到後來有能力到國外併購公司，很幸運在成大學到這麼多，非常感謝成大引領我走向不同的新思維。簡單自我介紹一下，我是璨揚企業創辦者，在一九八一年，二十五歲時創立了璨揚企業。創業一點都不厲害，厲害的是有一群人願意跟著你一起努力跟打拚。

剛創立時是在國安街的一棟透天厝裡，創業資金只有八萬新臺幣和五個同事，這筆錢還是太太去標會而來，就是為了讓我創業，當年只有二十五歲的我可能就是所謂的初生之犢不畏虎。目前璨揚是臺灣最大商用車燈製造廠，所謂商業用車燈，簡單來講就是轎車以外的車種，跟商業行為有關係的都叫商業用車，比如在路上看到的卡車、拖車，或是城市和城市之間來往的公車、小型貨車，或是中型貨車，只要有商業行為的車輛所使用的燈，我們都稱為商業用車燈。

企業的總部現址在安南區工業一路，在國外設有分公司，分別是位於北美的奧克拉荷馬州、澳洲的墨爾本及歐洲的捷克，全球大約有七百五十位同事。璨揚沒有在中國設廠，在臺灣亦沒有聘用任何外籍移工，僱用的都是本國籍員工。

企業願景是希望成為創新卓越的一流企業，創新卓越指的是「創新的設計」和「卓越的生產」，超越顧客的期待，希望成為受人景仰的企業，讓在企業內工作的同事都能與有榮焉。

企業使命是希望為人類的交通帶來明亮和安全。公司是生產車用燈具，所有車燈都是為了成就一條光明、安全的路，讓後方的人透過車燈看得到前方在煞車或轉向，另外也期許成為人類交通商業用燈具的解決方案者，為了達到明亮安全的標準，需要符合或超越各地的法規，甚至是更高規格的客戶廠規。公司生產的車燈，很多都是用在特殊地形或是特殊工作的地方，所以客戶的廠規比政府所規定的交通法規更加嚴謹。

四個企業理念及三大核心競爭力

璨揚的經營理念是「誠信」、「創新」、「合作」、「關懷」。創立初期「誠信」是最重要的理念，企業如果沒有誠信，如同一個人沒有誠信。再者，若企業沒有「創新」的活力，產品很難成為唯一，過程中不斷鼓勵同事，希望所有的產品都是唯一的、跟別人不一樣的，這樣開發出來的產品就不是複製品。第三個是「合作」，合作不只是企業本體，也希望供應商和客戶都是合作對象，才能成為穩定的夥伴關係。最後一個理念是「關懷」，一家企業如果只會賺錢，不懂得回饋照顧相關周遭人事物，是沒有辦法成為社會企業的。期許璨揚有一天成為一個社會型的企業，讓周遭的生態因為我們的存在而更美好。

璨揚有三個核心競爭力：第一個是穩健的經營，公司從民國一〇五年開始朝著不借貸的方式來經營，專注在本業，不會因為其他行業趨勢看好就貿然轉向投資，並維持穩定的客戶群，跟客戶間的友好關係都在二、三十年以上，除非客戶有另外不同的選擇，與客戶的關係非常穩定。

第二個是產品的創新，設計的產品基本上屬於少量多樣，盡可能滿足客戶期望，所以大部分的產品都是客製化，以客戶的Logo、客戶的行業為導向去做生產設計，產品的創新是建立在滿足顧客，甚至超越顧客的期望，希望客戶買到的產品是only one、與眾不同的，因為客製化就是專屬的，別人不能使用它。當客戶擁有自己喜歡的產品，裝載在自家商業用車上，就是幫客戶做到only one的設計。

● 璨揚製造的RV車後車燈

第三個是走雙品牌行銷，在北美地區以OPTRONICS品牌為通路，創立於一九七二年，是一家經營五十年的老字號品牌。在北美以外的地區則是用LUCIDITY當品牌。品牌需要長期耕耘和經營，一家公司如果沒有自有品牌，賣再多的東西，最終消費者找不到也無益，公司正朝著所有的產品都有自己的Logo為目標去努力，Logo代表企業，客戶可以經由品牌找到該企業，消費者識別品牌，就可以要求車廠使用該品牌的車燈，這就是我們最終的目標。

北美地區土地幅員廣大，有很多休閒活動，因此北美地區的RV休閒車需求會高於其他地區、還有屬於街道清掃運送所衍生的車款，貨車、拖車都是需要有動力的車體，此車體也需要裝置燈具，這些車廠都是我們主要的客戶。

璨揚是車燈製造業，品質管理系統需符合IATF的要求，除此之外在環安衛系統的ISO14001及ISO45001、溫室氣體盤查的ISO14064都已取得相關認證，並獲得綠色工廠標章。公司會參與一些獎項的評選，希望藉由外部稽核來改善企業缺失，了解自己的不足，這幾年陸續獲得「國家品質獎」、「天下CSR企業公民獎」、「台灣精品獎」、「台灣企業永續報告獎」、「國家品牌玉山獎」的肯定，以及勞動部舉辦的人才培育系統TTQS，代表企業在人才培育上投入的心力，經由公司培育出的人才能創造更多的價值。得獎並不是突顯企業有多厲害，而是認同企業內辛苦工作的同事，也希望在企業成長的過程留下一些軌跡。

踏出舒適圈才有機會脫穎而出

「如何突破舒適圈」，常聽到一句話「溫水煮青蛙」，在人生過程中，會發現為什麼五年後、十年後，人的差異變化會很大？當你願意走出舒適圈，人生就不一樣了，若繼續處在舒適圈，自己跟同儕間的距離就會越來越大。

首先來談一下我的家鄉，在臺南縣佳里鎮的埔頂，是一個非常偏僻又貧瘠的地方，九歲時搬離家鄉，目前這個村莊剩不到一百戶人家，埔頂位於佳里和七股之間，是一個很小的村落。我一共有十五個叔叔、伯伯，還有十五個姑姑，算是一個大家族，在這個家族裡面，大部分成員都務農，如果當初沒有離開這個舒適圈，這輩子應該和其他叔叔、伯伯一樣從事農務。雖然捨不得，但離開家鄉也是一種學習的開始，要感謝我的父親當時所做的決定，從鄉下把我們帶到臺南市，改變了我後來的命運。

父親也是務農的，阿公只有留下兩分地，一分地將近三百坪，兩分地共約六百坪，若真的要靠這兩分地養活家裡五個兄弟姐妹，以當時環境來看，是很困難的，所以父親做了一件事，把農地交給母親耕耘，然後自己去臺南市。因為父親只讀了一、兩年小學就中斷了，他靠著自己的力量踩人力三輪車，在民國五十、五十三年時，靠著自己的雙腿，在臺南市謀生。現在這種人力三輪車已成為觀光用，在高雄旗津還可以看得到。

直到民國五十八年左右，政府下令停止人力三輪車，慢慢轉型成為計程車，父親因無力購買計程車，也就順勢轉行在夜市賣拖鞋。當時的拖鞋是PVC材質，算是很重的材料，父親會在月初大量進貨，遇到生意不好時就由我幫忙騎單車把沒賣完的東西載回家，路程大概是七公里左右吧，平均一天騎兩趟，因此我的小腿比別人粗，並不是因為我是田徑強手，而是在那個環境長大，環境造就讓我跟別人不一樣，有機會鍛鍊自己。

小學的時候，只要鄉下有活動就得回去幫忙，唯一的交通方式就是興南客運，每次一坐上興南客運就很高興，還曾幻想如果有一天可以開著興南客運是多麼棒的事，因為如此龐大的車體，把一群人平平安安送到目的地，是一件很偉大的事情，所以我第一個人生目標跟志向就是希望有一天可以開大貨車或開著大巴士，把人跟人之間的移動距離縮小到最短。

人生第一次開大卡車，是在歐洲荷蘭的DAF客戶試車場，試車場除提供車輛進行產品開發測試驗證外，亦可配合試駕活動作為實車動態展示與體驗之場地，在不同坡度之斜坡測試道，坐在一層樓高的卡車駕駛座上，旁邊坐著一位老司機，他負責操控，緊急的時候他就會煞車，不只是試駕活動，而是一個全方位的安全駕駛體驗活動，我從事的工作讓我有機會體驗駕駛開大型車的感覺，也圓了小時候的夢想。

每個求學階段都有一位恩師

我畢業於成功國小，小學時雖然身材高大，但始終懼怕一個項目，就是不敢從單槓爬上去再翻轉下來，很慶幸遇見一位莊老師，一步步的訓練讓我克服恐懼。後來升上國中讀的是民德國中，民德國中有一位生物張老師，是我的導師，我是民德國中第二屆畢業的，每年四月分的第一個星期六，我們都會舉辦全校的同學會，也會邀請老師參加，能參加出席的老師代表他們身體都是健康的。國中畢業接著就讀臺南高工，臺南高工有位陳老師是教機構學，對這些老師都記憶深刻，因為他們曾經教過我或是影響我，甚至到現在都還記得老師們在校時舉手投足的模樣，對他們真的心存感恩。

後來進入南臺科技大學，學習的是工業管理，從工科跳到工業管理是人生的一大轉變，有位許麗珠老師到現在跟我們班同學都還有聯繫，她目前任教於臺北大學，因為我們只小她幾歲，彼此學習互動良好，有任何問題，我們會和這位老師一起學習，她影響我們很深。

千萬不要把對你影響深遠的老師忘掉，鼓勵在座的每一位，一定要先懂得尊師，有一天你會感受到一件事：不是自己多偉大，是曾經教過你的老師讓你更接近偉大，就如同今天這堂課，為什麼這堂課讓我感動？是因為黃老師希望藉由很多人的人生經歷，在這麼短的時間內，將自已這輩子三、四十年的經驗跟大家分享。也希望未來有一天站在臺上的是各位，分享自己因為哪一堂課、哪一位老師從此讓自己人生改變。

畢業後的求職路

民國六十七年退伍時，我先從事品管員的工作，每天只需做一件事，就是把螺絲跟螺母旋轉起來，只做了三天。有一天老闆說現場有些狀況請我幫忙一下，因為我讀的是工業管理，懂得倉儲管理、工時管理、品質和效率，從那一天起，老闆就沒有再讓我回到原本鎖螺絲的品檢工作。這件事讓我明白，是我讓自己不一樣，機會是自己創造的，因此工作得很愉快。當時的薪水是日薪一百七十元，隔年離開公司時，已經是二百九十元的日薪。如果從進職場那一天就認定這間企業是你自己的，有一天你自己可能會變成老闆，做每件事都以創業的心態，就一定會成功，不同的思維造就不同的結果。

進入職場賺到的薪水除了存下來，更鼓勵大家投資在自己身上，民國六十七年汽車還不普及的年代，我把領到的第一個月薪水共五千一百元加上全勤獎金，全部拿去學開車。如果會開車，就可以載更多的貨進來，當時進公司不到幾個月，老闆就把所有能做的全讓我去試。回到家母親都會問我：「你是做苦工還是司機？」我樂在工作是因為我把它當成自己的事業，所以當我要離開時，老闆非常不捨，我告訴老闆還有更多想要學習的東西，因此轉換到第二個職場。

轉換職場是為了提升自己的價值，在貧困的家庭長大，知道只要努力就有機會翻轉，只要肯努力、肯用心，就有機會跟別人不一樣。在這樣子的困境中，一步一步朝著自己想要走的路前進，隔兩年後就決定自己出來創業，抱著很大的決心，相信只要努力就會有所獲得。

很感恩第一份工作，讓我開始不一樣，千萬記得第一份工作不在於它讓你擁有什麼，也不在於賺了多少薪水，第一份工作絕對不是你的全部，也不是你的未來，但是第一份工作做得勤、學得多，學到東西再離開，千萬不要認為這間公司沒什麼可以學！學不到東西問題不在公司而在自己，因為自己沒有認真學到公司的精髓。

幾年前我又回到校園上EMBA的課，課程都是星期一到星期五，一週最少有兩堂課，上了一整天的班，到了學校一定比任何人都睏，所以我經常用左手去捏右手，因為怕睡著對不起老師，老師這麼用心上課我卻在打瞌睡，更重要的是我自己想來學校上課，沒有道理不認真上課，對自己有更高的期許，希望不斷地去吸收新知。所以在一開始分享時，要各位拉拉耳朵提振精神是有原因的，打瞌睡是正常，不打瞌睡是毅力的表現，從現在開始記得一件事，好的習慣終身受用，不好的習慣要終身承受。

大膽建言，學習與人溝通

第二份工作是什麼呢？我去應徵有五十人工廠的廠長，走進去時老闆問我：「年輕人你要做什麼？」我說：「我要來應徵廠長。」我對自己有信心，是因為覺得自己可以勝任這個工作。在南臺科技大學讀書時，有一位老師才剛畢業來學校教書，並不是說這個老師不好，只是教學經驗稍嫌不足，於是我大膽跟老師建議：從下一堂課開始，每一個章節都讓學生上臺分享，老師再來講解這堂課有哪裡需要再補充。因為這個建議，我人生第一次踏上講臺，當時我是班上的一號，自然而然第一個上臺分享，此後，開始訓練自己成為敢上臺講話的人。

另外要感謝的是當兵時的政戰教官，教官是一個不喜歡講話的人，所以他把所有講話的機會都讓給我。當兵的時候，要刻鋼板自己印刷，還要寫講稿，整個營區有五百人，那時候年紀輕輕就可以站在五百人面前講話是很難得的經驗。當年時值越南淪陷，軍中整整上了一個月的莒光月，都在強調越南淪陷。在那個狀況下不斷被要求上臺講話，一次、兩次、三次，環境塑造有機會要記得把握，不要認為自己不行、不好，當你願意開始改變的時候，會發覺不一樣，我的邏輯跟思考，也隨著我的上臺次數越來越多次而有所改變。

日後在職場上被重用，不是因為專業度厲害，是因為懂得與人溝通，若有機會拿到麥克風，一定要勇於發言，那就是自我訓練的機會。

創業與否的抉擇

超跑好手陳彥博做了我一輩子都不敢做的事，這輩子要不要傻傻去做一些事呢？直到六十歲我才知道什麼叫「騎單車環島」，我騎腳踏車環島兩次，很多人問我為什麼要環島？首次環島經驗是源自於興趣及帶動公司運動的風氣，但第一天就去了國術館，因為整個背部都拉傷了，拉傷了還要繼續騎嗎？從第一天被同事勸回家，勸到第四天同仁心中只有一個期望：黃先生我們支持你，讓你騎完全程。

環島過程中只要碰到紅燈停下來，就會有同事上前幫我按摩，一路按到臺南家。騎回到臺南公司的時候，我的眼淚不禁掉下來，不是我太厲害而是我們的團隊協助我，他們協助我完成一項不可能的任務！若這一輩子從來不去嘗試不敢做的事，你怎麼知道自己的能耐多大？很多人「不行」並不是真的不行，而是不願意嘗試。所以我騎腳踏車、登高山，之前爬山回來累到沒辦法下床，現在一天走十三個小時都還能行動自如，源自我開始訓練自己，讓我從不可能到可能。

過去我不太運動，體重最重是八十八公斤，現在是七十五公斤，很難想像這十三公斤的肉怎麼消失的，也好奇為何有這個毅力，但其實大部分不是做不到，而是願不願意而已。

剛剛提到超跑好手陳彥博，他是二〇一三年的十大傑出青年，二〇一六年完成極地大滿貫，二〇一八年完成不丹高山兩百公里，同年還挑戰冰島冰與火兩百五十公里，一年兩個賽事一氣呵成，中間沒有任何休息時間，非常難以想像。他是一天就達成嗎？肯定不是，一定是經年累月不斷訓練才達成目標，這就是人生目標，我們只知道幫他鼓掌拍手，卻很少人會去思考如果換成自己，會怎麼做？

夢想不是一個人的事，專注在追求夢想時，可以帶給更多人正面力量進而改變自己和周遭的人，彥博的事蹟對我的影響就是有夢想就去挑戰，相信有一天，夢想就會離自己更近。就如同剛剛開始在談的「初心」，如果彥博沒有初心支持他，就不太可能去完成這麼多的賽事。

分享完彥博的故事或許大家會好奇，到底是要到一般的企業工作？還是走上創業之路？民國七十年的時候遇到一個抉擇，當時是石油危機，往往最困難的時候也是機會最大的時候，當時面對要不要繼續待在原公司當廠長還是出來創業的抉擇，我毅然決然選擇創業，希望可以完成想做的事。母親在我國中時曾去幫我算命，算命師說我這輩子只能待在別人的公司替人做事、不可能創業，算命師說的話聽聽就好。

創業後公司的第一個產品叫做「側邊燈」，在北美的卡車裝了很多這種車燈在側邊，叫車尾燈。這又是一件讓我非常感恩的事，此項產品讓我工作到沒日沒夜，連自己都嚇一跳，心裡想著太平洋真的這麼大嗎？為什麼塞都塞不滿，貨櫃一個又一個拉到北美，也讓我初嚐創業甜美的果實。

遭逢創業危機，建立「利他」精神

一九八四年我被一個很好的客戶倒了一千萬，但對外只說被倒二、三百萬，如果讓人知道被倒一千萬，供應商沒有人敢再賣我東西、擔心我會付不出貨款，客戶也會擔心出不了貨。最讓人費解的事情發生了，倒我一千萬的客戶回頭請求幫忙，說自己有苦衷，有三家廠商堅持不跟他和解，希望我再開一百多萬的票讓他周轉。

當時覺得都已經被你倒了一千萬，為什麼還要借你錢？但看到這位客戶對八十幾歲的父親非常孝順，被對方的孝順感動，又開了三張支票共一百多萬借他，後來他果真信守承諾，支票如期歸還款項也匯入帳戶。之後這件事也讓我思考，在商場上當別人有困難的時候，是要伸出援手還是袖手旁觀？

搬到和順工業區後，從那一天起到現在，就再沒有跑過銀行三點半，當我在別人需要的時候伸出援手，冥冥之中幸運之神也開始眷顧我。就這樣一路到現在，只知道當別人有需要的時候不吝伸出援手，最終受益的都不是別人而是自己，因為別人回饋回來的，遠比我們想像的來得大。

平常打開自家門首先映入眼簾的都是別人家的門，既然每天都先看到別人的家門，自己家門掃乾淨後也一併把對面人家的門前掃乾淨，從創業到現在從來沒有跟鄰居惡言相向，鄰居都喜歡我，因為他們覺得跟我在一起是一種快樂，該清潔的、該種的花，都會延伸到對方家。如果大家有機會到台南科工區的工業一路看看，整條工業一路因為璨揚帶起的風氣，大家種植的樹木都很類似，挑列整齊的植栽滿眼綠意，反而讓工業區不太像工業區。

從成大放眼新局

我曾經把公司丟下整整五天，去參加領袖班及中小企業經營課程，當時認識了一位學長，幫我買了成大EMBA的報名表，連報名費都幫忙出了，他說：「你去讀就對了！」一生命中因為遇到了這麼多的貴人，讓我開始思考，公司是要維持現狀呢？還是要拓展新局？

二〇〇八年發生金融海嘯造成非常大的危機，經濟突然緊縮，有三到四個月的時間訂單量驟降百分之四十至五十，所有人都在消化庫存。在這段金融海嘯期間有個機會可以併購在北美的第二大客戶，客戶剛好遇到危機不賣掉公司不行，我只有兩個月時間思考要不要買，當時協助買下這家公司的是跟我一起做生意的客戶，名叫Duncan也是此公司的前老闆，Duncan退休的時候，把公司賣給其他人，因當時璨揚還沒有在科工區蓋新的工廠，Duncan也認為我們沒有能力去買下他們的公司，就在Duncan退休了三年以後，公司的同事都跟Duncan抱怨，能不能找一個新老闆，公司一直轉賣，三年間被轉賣了三次，同事們感到很無奈。

我每年出差到奧克拉荷馬州習慣會做一件事，從臺灣選一件很特殊的禮物，去找Duncan聊天，因為這樣的關係讓Duncan認為，退休前我們是生意關係，退休後我們成為好朋友，這也是Duncan願意協助我買下公司的原因。Duncan還做了一件很了不起的事，因為我是臺灣人，沒有入美國籍，在美國做生意付款，美國銀行會看負責人的國籍，當時Duncan協助當保證人，如果之後銀行的貸款有問題，Duncan要負責任，我很感動Duncan在銀行貸款這部分提供的協助，讓我順利買下這家公司，在這個過程中，我也學到了「信任」。

從利他的角度出發，如果做朋友會是一輩子，但做生意生意結束關係也就結束了，到現在我們還是好朋友。我們買下北美第三大的商業用車燈廠到現在，十年之間它成長了三點五倍，當時剩下五十幾個同事，到現在已經增加到八十幾位同事。

買下這家公司的前半年我得了憂鬱症，因為擔憂公司的錢全都拿去投資了，害怕一夕之間錢不見、公司不見、貨被搬走，所幸這些事情從來都沒有發生。我們買下美國子公司在管理上沒有派任何一位臺幹在北美，都放手讓他們經營。後來再買下澳洲子公司也是採取這樣的模式管理，到現在也已成長三倍多，一樣都是讓當地人經營，臺灣只管財務和ERP系統，當你願意相信別人的時候，你的人生也會不一樣。

二〇〇九年十二月又買下美國另一家公司，這家公司從四年前就跟我談了，談到老闆過世了，同事們還是希望我去買，他們說很少看到臺灣人有辦法讓企業經營到這樣，連美國人都很難做得到，談的過程滿複雜的，最終拍板定案，所以又多了八十個同事，集團目前大概是七百多位員工，這家公司也是由當地的CEO經營。

再談創業的初心

再談談當時想創業的初心，在困境的家庭中長大，如果努力就有機會讓我的家庭改變，為什麼不去試試看？我也可以選擇在舒適圈，就留在原來的地方，民國七十年要創業以前，我的薪資已經到一萬八千元，現在臺灣的基本薪資才兩萬三千五百元，四十年前就可以領到豐厚的薪資，不是因為厲害，而是因為努力，加上願意堅持，所以我的價值被看到了。

不要試圖做一個成功的人，要做有價值的人，成功和價值有什麼不一樣呢？價值是別人可以從你的身上看到，你值得更高的薪酬、更好的待遇、更好的福利，鼓勵所有人做一個有價值的人。

璨揚集團中不論是北美的CEO或歐洲的CEO，他們都不是從小就讀很多書的人，很多在

• 璨揚公司外觀圖

高中畢業後就開始工作，做到一個程度又回去學校讀書，北美假日很多，這些CEO全部都是從假日班一路研讀上來的，他們領的薪酬，一年將近五十萬美金，等到要退休的時候要支付他們一百多萬美金，只要公司營收目標達到多少，就給多少，所以他們願意不斷創造，朝公司的目標繼續努力。人生就是這樣，能夠自我調整、改變、開創新思維的人，更能擁有海闊天空的生活。

體悟到成功者的特徵

從同儕之間可以觀察到不同的人格特質，成功者有八大特徵，第一個要有熱情，喜歡協助他人的人一定充滿熱情；其次是勤奮，只要勤奮就有機會不一樣；第三個是專注，我一直專注於本業，到現在還是不喜歡股票，也不喜歡炒房地產，只專注在車燈本業，寧願向標竿學習。就像爬山時只專注在行進的過程，從中學習獲得成長，最終才能抵達三角點站上高點。

在校求學也一樣，重要的不是畢業後的文憑，而是在求學過程中，要有想法，做學生時要懂得去發問，想像就會更大，學會去問別人，遠比別人問你好，從問問題中可以獲得不同的想法與答案，所以第四個就是要有想法。

第五個是進步，步入職場後是不是很希望薪水可以年年調升？當創造的價值比往年多，公司當然就會給更高的薪水，所以要試著進步。第六個是服務，今天邀請我來的黃老師也一樣，希望藉由服務，讓各位看到未來可能遭遇的狀況，只要這個班上有一、兩個同學願意接受改變，相信老師心中也會燃起火花。第七個也是最難做到的是堅持，做對的事一定要堅持，因為看到希望才堅持？還是因為堅持才看到希望？兩者是不一樣的，堅持下去，最終一定會看得到希望和目標。

最後一個是突破，要不斷鞭策自己想出好點子，才能激發出更多創意。現在有很多新創產業，大部分都是二十幾歲的人創辦，在這個時候只要有夢，就有機會。

在璨揚每年有十六個人完成單車環島，另外十六個人要騎單車環半島，讓每一個人的能量都不一樣，這也是一種團隊合作，彼此之間努力改變，改進自己所做的事，讓自己更有價值，進而提供對別人有價值的服務，堅持是因為在每一次的失敗中獲取經驗，不斷在挫折中找到進步的力量。

學習當一個不抱怨的人

跟大家分享幾件事，這幾年公司有幾個同事跟別人不大一樣，不到三十歲的課長和部主管共有三個，他們有一個共同特徵：不抱怨。你是花時間在抱怨的人還是做正向的事？一直在抱怨只會讓你變得更負面，更不具備正向的能量。當你不抱怨時，要去結交對的同學、對的朋友，找到一些充滿正向能量的知識和值得學習的人，會讓人生不同凡響。

璨揚協同供應商成立「璨榮會」每季會相約去爬山，其中一位供應商是一位博士已經五十一歲，也是一個創業者，他已經爬過五十座百岳。臺灣三千公尺的高山多達二百六十八座，值得各位細細品味山林之美，他從爬山領悟很多事情，發現自己的健康有異、敢做許多過去不敢做的事。藉由爬山學習謙卑，從來沒有一個爬山者可以昂頭爬山，一定要一步一步慢慢爬，就像飽滿的稻穗會往下沉，昂頭的是稗子，當自己成為一個有能力付出的人後，更要學會謙卑才能走得更長更遠。

再和大家共勉九個字，第一個是判斷力，大部分人都缺少判斷，只用別人的話轉述給另外一個人，往往同學和同學之間造成對立，並不是對方直接跟你講，而是透過別人跟你講的內容，這是因為缺少判斷力。第二個是學習力，不論讀那個科系，材料也好，文學也好，一定只能在原本的領域嗎？跨領域去到其他地方、學習不一樣的事，學習不外乎要走出舒適圈，和其他人做互動，從中就會發現不同之處。

第三則是要有堅持力，好多人往往都在最後一哩路放棄，所有的成功或失敗，都只在一線之隔，跨過去就成功，否則就是在失敗的邊緣，看過許多登山者，都在瞬間就決定放棄，當然有些人也知道過了這個山頭就完成了，但終究沒有毅力堅持，成功的路上不擁擠，能堅持下去的人才是贏家。

最後，不管從哪一天「開始」、「持續」跟「停止」，開始你過去沒有學習的、持續你已經做得很好的、停止對你不好的，不要讓自己沒有開始、沒有持續也沒有停止。曾聽過一句話：人生最長的距離，就是從知道到做到，不去實踐永遠是空想，開始實踐跨出第一步時，距離成功也就向前邁進一步。

創業的艱辛與調適

沒有一條創業路是簡單的，創業前三年，很少假日不工作，全年的假日可能不到五天，假期只有端午、中秋及過年，其他時間都在工作。每天朝七晚九持續的工作，所以創業很需要熱情來支持。

被廠商倒掉千萬元的經驗，那時確實非常沮喪，努力辛苦賺了一千萬，民國七十三年這是一筆相當大的金額，當時告訴自己不能一直沉浸在這種悲傷裡，要趕快再找新的機會站起來，以最快的速度在當年開發出三個新產品，像是第三剎車燈。當時非常瘋狂，整整有一年就只做剎車燈，每天都做一樣的工作沒有停歇，這三個產品賺到的錢，遠超過客戶倒的錢，感恩在逆境中帶來的契機。

最後再與各位分享一件事，不要追求物欲，我開的車子不是名車，身上也沒有穿金戴銀，一個人值不值得尊敬，不是因為開什麼車，也不是身上有沒有穿名牌，四十歲以前長相是父母親生的，四十歲以後，叫做「精神長相」，因為讀書、結交朋友、接觸更多的文藝，此時散發在外的面相叫精神長相。話說「相由心生」，不能抱怨父母親為什麼把自己生成這樣，四十歲後要檢討為什麼讓自己長成這樣。這輩子想跟別人不一樣，就要投資自己，不要投資在吃的東西，也不要投資在物欲，物欲只會讓人更痛苦，生活在這世界上，不要只為自己，快樂的人都是從「利他」而來，所有的苦都來自於利己，不斷追求物欲提升物質生活享受，只會越來越苦，只有遠離才會跟別人不一樣。

學生回饋 FEED BACK

蔡如庭
醫學系■一年級

在精彩的演講前，講者在先請我們拉耳朵一百下以提振精神。演講的開始，講者介紹了公司的產品——商用車燈，那是用於除了轎車以外的車種，包含卡車、街道清掃車、拖車、農業用車等等，以期為人類交通帶來明亮和安全，高品質的產品規格超越個區域的法規並成為客戶的廠規，這也讓我對於這個未知的領域有了更深一層的研究。講者的廠房遍及捷克、澳洲、北美，他堅持誠信作為基礎，創新成為唯一。他獨到企業經營理念：零負債、專注本業、品牌價值，這些都使我了解在營運一間公司的成功者背後，其實都有很多值得我們學習的堅持和理念。

在講述創業的成就後，「突破舒適圈」引領我們更深刻地去思考。講者侃侃說起從家鄉佳里鎮搬到市區的童年，家裡雖環境惡劣但卻造就他前進的動力，他說：「靠自己的能力讓自己的價值變得不一樣。」此外，他也將自己的第一份薪水投資在自己身上去學「開車」，讓自己擁有更大的能力去有效率的完成更多事。而他也樂在工作，即使當時是受僱於別人，因為當成自己的事業，所以他全力以赴。「肯努力，就有機會翻轉」他最後以很大的決心及毅力，開創出自己一片事業的天地。

他期待年輕一輩不要抱怨，因為在怨天尤人的同時，也失去了正向思考的機會。

他給了我們九字箴言：判斷力、學習力、堅持力，「判斷力，會懂得分辨是非；學習力，跨領域走出舒適圈，跟其他領域的人有所互動；堅持力，持之以恆。」以及提醒：「開始過去沒有學習的，持續之前做得好的，停止一直對我們不好的。」

講者一路以來秉持的信念和價值令我十分佩服，坐在第一排實在是獲益良多！下課後也有和講者討論如何在準備很久的上臺演講時保持平常心，他說：「和觀眾保持眼神交流，即使不是所有人都在專心聽，但是要記得那永遠的聆聽者，也就是我自己。」

奕景科技商務總監

陳超乾

曾任創意電子股份有限公司總經理、台積電資深處長、台積電日本分公司副社長、台積電北美分公司處長、英特爾（Intel）研發資深工程師、美國史丹福大學中國文化學會副會長、美國華人半導體協會（CASPA）理事、清華校友總會理事、清華百人會會員、清華材料系雙百會會員、清華材料系系友會會長、清華企業家協會會長。

陳超乾憑藉著「三鐵」運動精神，不僅將運動的挑戰、毅力精神注入經營管理，也常鼓勵學生要「愛你所擇」；培養意志力（GRIT），追求長期目標的熱情與毅力直到目標實現為止。

陳超乾・演講

品嘗「人生的大餐」，敲響成功之門

我的求學生涯是幸運的。在清華大學材料系畢業後，輾轉一下子，居然決定出國留學。當時留學風氣興盛，無論在韓國、中國，甚至於印度，都沒有像臺灣留學率這麼高，因此我很幸運地去到了史丹佛大學念了博士。而要說清華及史丹佛是影響我人生軌跡的兩大因素，絕不為過！

如今回頭審視這段經歷，只能用「因緣際會」來形容。大學畢業後，我考研究所落榜，只能先入伍服役，退伍前又考了成大、清大、中山但都沒考上，走投無路之下開始準備托福、GRE，最後順利出國留學。這不是個偉大的故事，純粹是因緣際會。

從史丹佛畢業後，正好屬於產業低潮期，很多優秀的留學生都申請回臺灣教書，原來我也是這樣打算，結果找不到工作！因此決定暫時留在美國。我對產業的興趣高於對學校的興趣，一開始去了Intel，大概是一九九二年到一

● 1985年赴美留學，與母親的合照

九九五年間，參與研發他們第一代的Pentium晶片，用八吋wafer做。

在Intel工作了兩、三年後，又發覺一些瓶頸，我總覺得只專注從事研發領域還不夠，這是我人生一個重要的抉擇，做抉擇的時候也學到了一些抉擇的心理素質，容後再敘。

一九九五年，正逢台積電成立沒多久——台積電是一九八七年成立的——到了九三、九四年開始有一定規模，所以我轉職加入了台積電，至今已經二十幾年。台積電是做晶圓代工起家的，晶圓跟晶圓代工很接近但不同，「晶圓」是一個產品名詞，台積電專注於很多製程開發及高效量產，例如做成手機的晶片；此商業模式稱為「晶圓代工」。

雖然現在台積電赫赫有名，可是在二十幾年前，台積電還只是沒沒無聞的小公司，所以我的太太非常不理解我的決定，當時Intel是全世界最大的半導體公司之一，超越日本很多半導體公司，為什麼我要去台積電小公司呢？

我耐心跟她分析：以產業的成長來看Intel的話，它正處在平原期。通常我們一個產業都會有一個S-Curve，一開始是incubation（潛伏期），再來是成長期，接著就是平原期，幾乎任何一個產品都有進程。以Dyson的電扇為例，它利用Airblade current的技術，可以做到沒有電扇葉，一開始很特別，所以在過去幾年成長很快，現在慢慢也進入平原期。

我跟太太說，我覺得我還年輕，Intel已經到了平原期，對我來說就是機會變少

● 接待史丹佛學弟妹

了。如果處在快速發展的成長期，我會有較多機會，因為公司一旦成長就需要花錢、投資、找人，找越多人進來，就越有機會升遷成主管階級。

台積電在一九九五年前後正好處於成長期，怎麼說呢？台積電二〇一九年的業績大概是四百億美元，而在九五年時是四億，也就是在過去二十五年間，它成長了將近一百倍，一家公司在二十五年內成長一百倍的話，一年要成長幾倍呢？每年都要成長百分之二十、三十才有機會，可見它是個成長的公司。因為預測了台積電的潛力，因此說服了太太。轉職到台積電的確是我人生中一個重要決定——從股市價值最好的Intel，到沒人聽過的台積電。

到了二〇一六年，那種遭遇瓶頸的感覺又來了：可能還有一些事情可以做。對我來講，台積電幾個重要領域我都參與過。剛剛提到晶圓代工，主要都在做Material Science，還有元件物理，這些我都碰過。

台積電旗下有一家轉投資的公司叫「創意電子」，這家公司跟我的專業毫無關聯，它是做IC設計的，IC設計的核心就是design（設計），對學材料學的人來說，是另外一個新的領域，但為了突破瓶頸，我決定去試試看，所以我在二〇一六年加入了創意電子。

創意電子是獨立的上市公司，所以我要負責公司的整體營運、財務等工作。我的運氣還不錯，剛進入創意電子時，公司股價是七十六塊，三年間漲了四倍，算是做出不錯的成績、對得起投資大眾。

成功的「3Q」條件與做決定的藝術

從學校畢業後，我的職場生涯看似一帆風順，卻也充滿挑戰與巨大變動，從工作內容改變到肩負決策壓力，我歸整兩個深刻的體悟。

首先，一個人的成功不能只用IQ來衡量。這是我離開學校、進到產業界才明白的道理。我認為一個人的成功有三個因素、三個KPI。一個是IQ（智商），IQ不能太差；第二個是EQ（情商），如何能夠適度情緒管理、不會影響到人際關係，或是在重要時刻能保有理性。但是有了IQ、EQ還不夠，我們還需要第三個Q，就是AQ。

現在美國很盛行的AQ（Adversity Quotient）是什麼呢？AQ的意思是說：當人在逆境、遭遇失敗的時候，能夠有效的處理它，能夠設法反敗為勝；或者傳統說的「臥薪嘗膽」、「風雲再起」。如果Google一下就會知道，美國人在講AQ、IQ、EQ，他們會用「GRIT」來作為成功因素，也就是「越挫越勇，不怕失敗」，如果用材料學的話來形容，就是Toughness（韌性），或是心理學的Tenacity（堅持）。

第二個，我自認為沒有什麼很大的成就，一路走來的確碰到很多挫折，尤其是做決定的時候，有時也會猶豫：「欸，這樣做好像不對，要不要換？」但我運氣很好，我的博士論文指導老師在我畢業前跟我說：「你將來會面臨很多決定，有時會很難抉擇，不可能每次都打電話給我，我也不可能一直都在，而且我給你的答案不見得最好。」

當時我才二十多歲，老師傳授的「做決定的藝術」（心理素質），至今受用；他跟我說：你以後碰到任何決定，無論交女朋友、結婚、挑工作、或者說要住大房子、貴的房子，還是要住便宜的房子，所有決定都只有兩類——「好做的決定」跟「不好做的決定」。

「好做的決定」會讓人傷腦筋嗎？比如說同樣的豬血糕，一家店賣一百元、一家賣五十元，我會買哪一家呢？這就是好做的決定。人生中有很多「好做的決定」，只是我們可能不知道自己做過決定，就是《快思慢想》這本書裡面說的「快思」，在短時間內、反應過後就做決定了；例如紅燈停綠燈行，是「好做的決定」。

可是有些決定很困難，是「不好做的決定」。比如說研究所的選擇，其中一個研究所的教授很喜歡自己，但是專業不是興趣所在；另外一個則是喜歡、想要的專業，但沒有熟識的前輩或教授，這種情況下該如何做決定呢？

這時候就要制定KPI（key performance index），替每一個選項打分數，當你定出哪個是八十分、哪個是二十分的時候，答案就會慢慢浮現了。雖然偶爾會遇到五十一分跟四十九分拉扯的困境，我的教授也給了我解方，非常簡單的做法。

「如果碰到兩件事情掙扎的時候，就代表這兩件事情都差不多，一樣好，或是一樣不好。此時成功的關鍵就不在決定本身，而是『是否努力執行』。做了決定以後，喜歡你的決定！然後努力去執行就可以了。」

挑了喜歡自己的教授，但打混摸魚，最後一定失敗；挑了喜歡的專業，但不努力做，也無法成功。所以，面對「不好做的決定」，重點是「喜歡你的決定，不要後悔，然後努力執行就可以了」。

海明威的「A Moveable Feast」

許多學子面臨生涯規劃時，不免感到徬徨，尤其是身邊的人都跟自己一樣，進到大學念書，能力差別不大，那為什麼有人可以飛黃騰達？有人卻平庸度日呢？我是學理工的，加上我一直待在業界，如果從「牛頓第一運動定律」來思考，較能彰顯我的信念。

牛頓第一運動定律就是「F=M*a」，也就是慣性，靜者恆靜，動者恆動，如果施加外力，有了「a」，速度就會改變。人生也一樣，我們每個人的基礎、每個人走的路都差不多，代表慣性，可是為什麼有些人後來飛黃騰達，有的後來普普通通？便是因為刺激，刺激導致軌跡改變。

舉例來說，明朝開朝皇帝朱元璋的成功，是因為有劉伯溫、常遇春、徐達這幾位貴人的助力，但這些人不只遇到朱元璋，那為什麼只有朱元璋成功？為什麼他們的「力」只有朱元璋受用呢？

這個問題我一直放在心上思考，想多找一些例子來驗證，最後我找了兩位諾貝爾得主的故事。

第一個是海明威的故事。海明威在一九五四年以《老人與海》這部作品獲得諾貝爾文學獎，他是一八九九年出生，二十一歲後（一九二〇年）到巴黎生活了五、六年的時間，那時第一次世界大戰剛結束，美國的文藝青年們——被稱為The Lost Generation（失落的一代），包含海明威在內，不約而同前往巴黎。

海明威在法國認識了很多朋友，包含藝術家畢卡索、米羅、還有Louis Vuitton等人。其中一位對他影響最深的，是大他二十歲的Gertrude Stein，他們聚在一起討論文學、散文和詩。旅居巴黎的交遊學習，深刻地影響了海明威的寫作風格。

如果對海明威感興趣的話，可以觀看伍迪・艾倫二〇一一年執導的電影*Midnight in Paris*（《午夜巴黎》），這部電影帶領觀眾重返一九二〇年，藝術家、作家們聚集的巴黎小酒館，劇情非常精采。

從一九二〇年到獲獎的一九五四年，三十年間海明威將他二十歲時，在巴黎體會到、感受到，以及內化到己身的「力」發揮到極大化——這股外力我稱之為「大餐」（A Moveable Feast），也可以翻成「可帶走的盛宴」。海明威曾這樣對朋友說：「如果你很幸運，在年輕的時候有機會到巴黎居住，那將會改變一生，因為巴黎啊，就是一場Moveable Feast。」海明威在巴黎品嘗到的「大餐」跟著他一輩子。

A Moveable Feast 也是海明威的名著，這本書的寫成也很有趣。海明威二十歲時在巴黎所做的筆記都收納在一只大箱子裡，後來回美國後就淡忘了這些筆記，直到舊地重遊，才重新拿回好友Louis Vuitton為他打造的這只箱子。當年邁的他回頭閱讀年輕時的筆記時，就像是一場Moveable Feast，也體悟到巴黎的時光對他造成多大的影響，因此寫成*A Moveable Feast*這本書。

你的「大餐」在哪裡？

第二個是田中耕一的故事。他是一九五九年出生的日本人，十八歲進入東北大學學電氣工程學（double E），求學期間他並不是太優秀的學生，曾因德文被當掉留級一年，老師也曾說「從來沒有教過這麼笨的學生」。畢業後他想進入Sony工作不成，轉入第二志願「島津製作所」任職。

田中耕一二十六歲時，在偶然的機會下發現了一種叫做Soft Laser Desorption的技術。當時用來做游離實驗的「質譜儀」存在一個問題：無法讓原子較大的基因或癌細胞順利被雷射游離化，田中耕一因為一次實驗錯放了「鈷」這種貴重金屬，為了不浪費材料，意外發現加入「鈷」的話，就不會破壞掉大分子，能順利測出這個大分子的質量。

如果田中耕一沒有好奇心，不想繼續做實驗的話，那他就不會有這個重要的發現。此後，他秉持著「獨立思考」的精神，持續投入研究，發表了很多論文，努力工作替公司賺了不少錢。直到四十三歲獲得諾貝爾獎為止——原以為是開玩笑的詐騙電話，直到島津製作所前擠滿了想來採訪的記者，他才相信自己真的獲獎了。

有日本人獲得諾貝爾獎是轟動全國的大事件，但卻沒人聽過田中耕一這號人物，既不是知名的學術領袖，也只有大學畢業的學歷。因為他喜歡做研究，不願擔任管理階級，四十三歲的田中職稱是「主任工程師」，只比大學畢業的工程師高上一階。面對記者的訪問，穿著工作服受訪的田中耕一僅是靦腆地說：「諾貝爾獎，是我最了不起的失敗。」

任誰看來，諾貝爾獎都能算是偉大的成就，而田中僅憑一次「意外的實驗」獲獎，他會不會太僥倖了呢？的確，他本人也覺得很僥倖，甚至認為自己沒有這個實力，想把獎項退回去，但諾貝爾獎官方堅持，他的獲獎得到確實認證，他的研究成果值得這個獎項。

在日本掀起一陣譁然的田中耕一，不僅是當時日本諾貝爾獎得主中最年輕，也是最讓人意想不到的，大家也覺得他是「最沒有準備的」（least prepared），讀到他的故事後，我不禁反問自己：這最偉大的成就難道真是偶然僥倖嗎？

不，其實不然。田中如果當時因為做錯事、甘願挨罵後就結束，沒有勇於嘗試新東西、開發新實驗的精神，他不會獲得這般成果。再者，他如果沒有努力、孜孜不倦、透過研究滿足好奇心，如果沒有不放棄的心理，他也不會一直設法改進他的技術。

我認為田中的成功取決於他的這些心態，一定有一股「大餐」般的外力，在他的人生軌跡裡刺激、改變他。基於好奇，我對他展開調查，終於發現他的小學老師澤柿，就是這股外力的來源。

澤柿老師很有耐心，一直鼓勵學生做實驗時要獨立思考、自由發揮想像力。有一次老師進行實驗，把硼酸放進熱水裡融化再令它冷卻結晶，大家都明白這是「結晶」，東北出身的田中卻說是「下雪」，老師並未苛責，而是鼓勵，養成了田中獨立思考的習慣。大學專業是double E，最後卻進到化學實驗公司的田中，也是秉持著對實驗的喜愛，才能一直投入。

從兩位諾貝爾獎得主：海明威跟田中耕一的故事，我深刻感受到每個人都有品嘗「大餐」的可能，端看我們是否能持續努力、將外力刺激內化成有用的養分。我們每個人都會在牛頓定律裡頭碰到外力，外力是一個刺激，如果我們能夠像田中耕一或者海明威這樣，真心去感受刺激的話，這股外力就可能變成影響一生做事方法、做人哲學，或者是做決定的策略哲學的重要關鍵。

這樣品嘗「大餐」的例子不勝枚舉，讀完這兩個故事之外，我們還能從生活周遭找到許多類似的人物，我相信在人的生活過程中，每個人都一定會碰到外來的刺激，有好有壞，這就是牛頓定律的「F」；那麼該如何應用這股力量，將它進一步變成你的大餐？

先準備好桌子，大餐才會降臨

我今年六十歲了，根據我的生命經驗，大餐不會憑空而降，而是得先把桌子準備好，才有機會品嘗。這張桌子有三隻腳，分別是獨立思考、終身學習跟培養世界觀。

「獨立思考」，對任何世代來說都是至關重要的。因為無論在現實還是虛擬網路世界，消息、訊息太多了，每個人看到的都一樣多，可是能夠獨立思考的人卻很少。獨立思考最重要的目的是要能夠透過自己思考來建立「知識系統」，而我使用的是Strategy pyramid（策略金字塔）這套方法。

當我們獲取外來資訊，無論來源為何，這些東西叫做Data，千萬不要馬上放到腦袋裡面，第一件事情是要validate（驗真），做一些功課或調查，想想這些是真的還是假的？許多validate過的Data進來以後，試著把它連結起來，就變成有用的Information（資料）。

統整Information的能力必須透過親身實踐來培養，例如看到書店裡的外文書，上個月八十元一本，這個月七十元一本，下個月六十元一本，這三個data都沒錯，當我們把它連結起來就可能產生其他意義。為什麼會越來越便宜？是因為書不暢銷嗎？還是書店快倒了呢？假設再加入一個data：「美元貶值」，此時書價下跌的原因就水落石出了，變成有用的Information。當腦袋中的Information越來越多，就可以建立知識系統了。

這張桌子的第二隻腳是「終身學習」。從大學畢業後都不做任何學習的話，最快三年就會遠遠落後其他人了，因為知識變化太快，要在瞬息萬變的世界生存下來的話，一定要保持對任何事情都有興趣的精神。

有一回在史丹佛畢業典禮時，賈伯斯的演講中說到：「求知若渴，大智若愚。」這是十分管用的建議。對任何事情，只要是有興趣的，一定要持續鑽研下去，保持熱情，也要謹記一件事：在學校裡學到的東西不見得是能造就你將來最大的成就。

最後一隻桌腳，對當下在臺灣的年輕族群來說，我覺得尤其重要，那就是要有「世界觀」。怎麼說呢？世界各國的競爭力不斷提升，中國也好，韓國也好，我最近常聽到年輕人講苦悶感、無力感，但如果我們有世界觀的話，心有多大，地就有多大，有很多新的機會還沒有被開發，不要認為在臺灣沒有機會發揮，就灰心喪志，在思考未來的時候，要以世界為著眼點。

只要這三隻桌腳架穩了，一旦外力刺激，要品嘗大餐的機會就變大了。

敲了上千扇門，最後敲到史丹佛學歷

我的大餐沒有像田中耕一或海明威那麼厲害，要不然我的成就會更高，但我的例子足以證明，大餐無所不在。

一九八一年，我應該是大二或大三的時候，當時的大學生流行在寒暑假參加

「救國團」的活動，而我是通過審核的領隊，所以暑假就去帶領「合歡山戰鬥營」，團員有近一百名。其中我對一位女生非常印象深刻，目光也一直離不開她，但礙於領隊身分，要對大家一視同仁，所以營期間我並不敢輕舉妄動。

營隊為期八、九天，我最後還是忍不住偷看了名冊，知道她住在仁愛路，因為我內心一直糾結於「不對，做人應該不能這樣」，所以不敢把地址看明白，也很後悔營隊期間沒跟她有多一點互動或留下聯絡方式。營隊結束後為了補救，我決定上臺北找她，但仁愛路這麼長、這麼多房子，怎麼可能找得到？由於當時水溝建設還不完善，馬路邊蚊子很多，我靈機一動，決定用挨家挨戶兜售滅蚊燈的方式來「地毯式」搜尋她。

1980 年代台北仁愛路小巷子，及當時流行的滅蚊燈
●仁愛路小巷弄及當時流行的捕蚊燈

結果我整個暑假都在仁愛路一家一家敲門賣滅蚊燈，大概敲了兩、三百戶的門吧！可惜最後還是沒找到她。但這段經驗對我來說是絕對珍貴、永生難忘的，我從此學習到不能輕言放棄的精神，結果或許失敗，但如果不願意嘗試，就連成功的機會都沒有。

我到美國念書前，原本因為在清大的成績真的不理想，想放棄升學，可是我覺得不試就沒機會，所以我就試著申請國外學校，當時許多同學都已經拿到入學通知，但我遲遲沒有，到最後一刻才拿到UCLA的通知。

在UCLA念書時，認識一個史丹佛的女孩子，她去上課我沒事時，我想起那段敲門的經驗，便開始敲教授研究室的門。雖然朋友覺得我臉皮太厚，史丹佛的教授不會接受我的爛成績，但我一直想著：You lose nothing trying; you'll never make it if not trying.

結果真的讓我敲到了史丹佛的入學通知。入學後因為沒有獎學金，於是我又開始敲門，這次敲到我的博士論文指導老師的門，他不但給我研究獎學金，還收我當學生，最後讓我能順利從史丹佛畢業。

我的大餐很簡單，那一次次敲門學到「you never make it, if you don't try」，如果願意嘗試，就能開啟機會，這個心態後來運用在工作上、做任何決定上。

一個人要獲得成功，努力是必要條件，而不是充分條件。在這個大家都很努力的世代，厲害的人競爭力都差不多，可是能不能把握「大餐來臨」的機會，讓自己擁有具優勢的「差異化」，才是成功得分的臨門一腳。

學生回饋 FEEDBACK

羅心好
企管系■三年級

每個人的生命中都會有「大餐」發生，然後你是否注意到、掌握到？把自己準備好接受這份求之不得的機會？或許這堂課對於目前正值茫然年歲的我，是最受用無窮的兩小時，也是我近期最得來不易的「大餐」。

「人生的大餐」指的是外部的力量，決策性的在我們人生中給了我們的重要的轉機。陳超乾總經理從「決定」開始說起。做決定是我們從出生至今，分分秒秒、年年歲歲、日復一日在躊躇的問題，從一早起床至晚上睡覺，我們可能在無意間做了數千萬決定，然而也有一部分的決定是我們很難處理的，很難以直覺決定的。

我從來沒有想過把「決定」二分，對我們來說太過複雜、太難理解，然而陳超乾總經理將決定簡單的分成「好做的決定」與「不好做的決定」。

好做的決定就像是快思慢想系統所說的，不用經過邏輯思考，我們很直覺地、迅速地、反射式地做出決定；然而當然，常常困擾我們的是「不好做的決定」，對於這部分陳超乾總經理也給了我當頭棒喝的建議：當這個決定不好做的時候，就表示他們同等好，或者同等不好，所以重點已經不在於「選擇」，而是在於選擇後的義無反顧、決定後的孤注一擲，我不需要花時間在未來後悔自己的選擇，不要花時間猶豫，花時間設想另個選擇可能的路，盡我可能得在這條路上做到最問心無愧，才是這個決定的價值，才是我努力抉擇後，不會浪費的理由。

「努力不是充分的理由，而是必要的理由。」在演講中陳超乾總經理提出了三個對「準備好接受大餐」的建議，分別是：一，獨立思考：苦思以建立自己的知識系統、二，終身學習：stay hungry, stay foolish.保持熱情、三，世界觀：心有多大、地有多大；英文是通往世界的橋梁；而我也在演講最後對於陳超乾總經理提出問題，詢問準備的順序是否可以在大餐之後？意思就是是否真的需要這些的事先準備，人生才有大餐的發生？

陳超乾總經理也在我的問題中，給了我此場演講的結論與我這輩子絕對會掛心的建議，他說這個準備大餐的「餐桌」，能讓我能更容易發覺、更輕易掌握人生中大餐的發生；而或許我也是，身在成大，作為二十一世紀多元迅速變換社會的大學生，我們追求的不是成功，而是比成功更加成功，非常謝謝陳超乾總經理的演講，我收穫無限。

晶神醫創股份有限公司董事長兼技術長
國立陽明交通大學榮譽退休講座教授
吳重雨

陽明交大三〇七實驗室臥虎藏龍，近二十年內培育出許多臺灣頂尖的IC設計人才，而催生者就是吳重雨，是一個天性喜歡挑戰新奇事物的學者，為國內類比IC系統設計的專家，也是臺灣生醫電子領域的先驅與推動者，創立生醫電子轉譯研究中心，帶領團隊進行人工視網膜及癲癇閉迴路神經調控系統，希望結合臺灣最強的半導體技術及醫療技術，創造高階醫材產業，造福全球病人。

吳重雨曾任國立交通大學校長、國科會工程處處長、國科會第二期晶片系統及第二期奈米國家型科技計畫總主持人、交大生醫電子轉譯研究中心創辦人、台灣生醫電子工程協會創會理事長。

吳重雨・演講

熱情與理想，一張人生的免費悠遊卡

請大家想像一下，如果你擁有一張可以無限使用的「免費」悠遊卡，到哪裡都不用錢，你會怎麼使用？再想一下，假如有人願意給你一張通行全世界的車票，你要生活在哪裡、要做什麼都「免費」，那你會怎麼使用它？我相信大家都會好好運用這張免費的悠遊卡或車票，讓自己不必受困於現實生活，能自在地發揮自己的熱情，勇敢追求並實現自己的理想。換一個角度說，如果沒有真的免費悠遊卡或車票，熱情就是你的免費悠遊卡或車票，帶著你達成理想。

一九五〇年，我在嘉義東石一個叫做猿樹村的地方出生，許多人對我的故鄉不陌生，因為氣象新聞中東石這個小小的漁村常被標記出來。一九七二年我考上交大電子物理系、一九八〇年順利從交大電子研究所博士班畢業。我的父親吳莫卿出生於日治時期，父親年輕時在貿易行當伙計，跟著老闆的孩子一起在私塾學習，私塾老師十分讚賞他的才能與努力，很認真免費教他。父親雖沒受過正式教育，但書法、古詩、天文、地理等都跟老師學到樣樣精通，留下不少書法、春聯作品，也曾在廟宇替乩童解字，服務鄉民。因為他會漢語，日治時期曾偷偷開私塾讓一般鄉民免費來學漢語，弟子遍布嘉義及雲林地區。

我的名字「重雨」就是父親幫我取的，因為我在國曆五月、梅雨時期出生，「重雨」就是下很多雨的意思，父親為了不讓我的名字跟別人重複，費了很多心思。可惜父親在我小學五年級時離開人世，留給排行老么的我無限的思念。父親過世後，都是靠母親持家，有時候還要向親戚借錢繳學費，才得以讓我度過初中到大學的求學階段。

大學暑假時只要一有空，就要回鄉幫忙採收蘆筍賺錢，所以沒有時間參與太多課外活動、營隊等等。雖然媽媽沒有念什麼書，卻很堅持要我繼續求學。令我難過的是，母親在我念博士班時去世。我這一生最大的遺憾，就是沒能在有能力之後，好好孝順父母。因此我一直謹記，也時時提醒身邊的人，就算不是物質上的供給，也一定要及時孝順父母。

雖然我的家境不算好，也曾經感覺和同學的成長過程不同，但當我經歷求學、就業，最後發現大家是看我的能力、看我做事的態度，而不在意我的出身。

一頭栽進半導體世界，就業與求學的兩難

之所以踏進半導體的世界，是因為大三時我修了一門叫做「半導體物理」的課程，啟發了我對半導體的興趣，一直持續到現在。大學畢業後，當同班同學都出國念書時，我因為家境的關係，選擇留在交大念電子研究所碩士班。許多學生會問

我，出國深造比較好？還是留在臺灣比較好？就我自己的觀察，不管專業領域是人文、管理、還是理工，臺灣現在的高等教育在知識、教學方面，其實和美國大學差距有限，甚至在電子、電機、半導體領域，還能並駕齊驅。如果經濟條件允許，願意到一個全然陌生的環境去接受挑戰，那就可以選擇出國。即使選擇留在臺灣，在全球化發展下，也會有不少出國進修或就業的機會，此時一定要把握，讓自己有機會接觸國外環境及文化。

如果學生面臨就業跟繼續求學的兩難，我會建議他們依據領域去思考，比方說現在的理工領域，產業界的職缺幾乎都要求碩士以上畢業，那就可以先讀到碩士或博士，再就業。如果大學畢業後就去工作，未來想充實自己時，再去念研究所，也是可以的。選擇是很自由的，不用把自己陷入二選一的僵局。

學生也會問我：留在產業界比較好？還是到學校教書比較好？我畢業之後選擇教職，是因為我熱愛積體電路設計的研究，也很享受上臺講課，以前我甚至可以連續上十小時的課，只要站上講臺我的精神就來了！不過教書並不是一件輕鬆的事情，每一次開新的課都要重新準備教材，一個禮拜三堂課，一定要有足夠分量的講義，不能讓課程開天窗，對剛當上副教授的我來說是很大的壓力，經常熬夜準備。偶爾獲邀去業界公司演講，都要花時間好好準備。

所有的抉擇，都該以你的興趣為主要考量，有興趣就會有熱情，熱情是成功的唯一答案。父母、社會的期待都先放到一邊，「做什麼事情我會覺得很高興？」應該這樣問自己、然後選擇這條路努力走下去，這不是一件容易的事情。如果能順利朝著有興趣的目標邁進，你會產生熱情，在燃燒熱情的同時，想達到什麼境界——也就是「理想」，便會自然達到。憑著熱情和理想，就能讓人到達任何想要到達的地方。相反地，如果選擇了沒有興趣的道路，縱使賺很多錢，痛苦也會消磨掉精神，無法持續努力。

舉例來說，梵谷的畫跟其他人有什麼不同？因為梵谷的畫裡面充滿熱情。參加音樂演奏會時感受到彈奏者的熱情，到餐廳吃飯、上桌的菜餚可以讓我們感受到廚師的熱情。熱情驅使我們把事情做好，而且熱情是會呈現在成果當中的！

至於在求學過程中如何避免誘惑？說實話，我求學的時候沒有什麼誘惑，現在誘惑比較多，所以要學會自制，可以放輕鬆，但不能放輕鬆太久，也要學會刺蝟原則——專注聚焦的原則。如果本身對某件事情感興趣，甚至可以連續做上一天一夜都不睡覺，這是因為充滿熱情，最困難的是如何將興趣結合理想，這需要時間與智慧。學生時代最重要的事情就是認真念書，任何吃喝玩樂的事都可以留待以後。對我來說，青春是可以不用吃喝玩樂的，所以我求學階段只想一件事情：就是要把書念好，盡量涉獵我想了解的東西。

挑自己喜歡的吃，專注聚焦的刺蝟原則

現在很流行所謂「π型人」，像π一樣有兩隻腳，除了專業領域外，還能涉獵

其他領域，也就是「斜槓」，譬如一個人可以同時是工程師／廚師／畫家。其實我認為這樣不見得好，我往往鼓勵大家選擇有興趣的事情，投入有興趣的領域，如果能專注於某個專業領域，遵照「刺蝟原則」，也一樣可以站得非常穩。假如你只對兩樣事情有興趣，且時間及能力都夠，那就學這兩樣就好，不要貪心，像去吃Buffet一樣，不可能每一樣都品嘗，一定是挑自己喜歡的吃。

在交大任教四年之後，我決定到美國訪問教學，因為自己一直希望能有機會到海外教書、想體驗美國的理工教學研究環境，所以到處尋找機會。一九八四到八六年間，我如願到了Portland State University。當時帶著妻兒舉家搬到陌生的美國，也發生了不少趣事。像我雖然有駕照，但在臺灣從來沒有開過車，但到了美國沒辦法、一定要上路，鄰居帶著我去買車，買完之後我才驚覺：我得自己把車開回家啊！而且是硬著頭皮開上高速公路。

到異國生活還得克服語言的問題，一開始用全英文上課時，有時會不小心冒出一兩句中文，幾位略懂中文的學生便會偷偷笑我，但不久也就可以流利使用英文上課。我在美國學到一套嚴謹的教學模式，直到現在我還是用一樣的方法教書。常有人問我美國學生跟臺灣學生的不同，我覺得最大的差異是，美國學生很有主見，臺灣學生則比較容易顧及社會眼光、父母期待而忘記或忽略自己的興趣、想法。

兩年後我回到臺灣、回到交大，後來借調到國科會服務。當時我擔任工程處處長，大概四年時間，每天都是臺北、新竹通勤，有時候搭客運，有時候搭工研院的交通車。很多人好奇為什麼我甘願如此辛勞？原因很簡單，我想了解我們國家是怎麼推動研究計畫及科技政策，當時我向國科會主委、成大前校長夏校長，建議成立「晶片設計實現中心」，跟台積電及聯電合作，引進積體電路設計軟體，培養學生設計晶片的能力，並將晶片製造出來加以量測。許多學生接受訓練，畢業之後，馬上就能投入產業學以致用，對人才培育有重大貢獻，因此這個中心被稱為臺灣IC設計產業與科技發展的重要里程碑之一。

想特別分享「角色和心態的轉換」，我在交大度過求學和任職兩個不同的階段，我當學生時很尊敬老師，當我擔任老師之後，很多我的老師變成我的同事，可是我還是會尊稱他老師、像當學生時一樣尊敬他，大家一起合作無間。即使角色不同了，我的心態還是順其自然地面對。

接著我想分享我人生中另一個重要的選擇——參選並擔任交大校長，我是交大校史上第一個交大學士、碩士、博士畢業的校長。擔任一所大學的領導者，讓我明白一件事情：職位越高，要處理的事情越艱難，因為只有解決不了的事情才會層層上報。在我上任前有不少人「提醒」過我，校長不是輕鬆的職務，而我是抱持著回饋母校的心情擔任校長。

投入未知領域：醫療結合IC設計

我投身生醫電子相關的研究領域是基於興趣，從這次Covid-19的防治就可以看出來臺灣醫學的厲害之處，如果能結合半導體積體電路產業與醫療科技，相信就能創造一個新的產業。所以我創立了「生醫電子轉譯研究中心」，開始結合積體電路，進行有關神經疾病調控的研究。即使世界各地從事相關研究的人很多，但人腦的運作以及許多神經疾病，至今還有許多未解的地方，希望能透過跨領域人才的共同努力，研究建立高階植入式或非植入式神經調控平臺，用來調控目前醫藥無法醫治的神經損傷或疾病，使病人能有比較好的生活品質。我的理想是希望將研究成果進一步創造新的產業，讓臺灣能結合半導體IC設計，在高階神經調控醫療元件系統產業大放異彩，造福病人。

• 2014年團隊在固態電路國際會議上獲頒 Distinguished Technical Paper Award（相片為2023年由嚴銘浩重攝）

我們第一個研究對象是造成眼睛看不見的疾病——遺傳性的色素性視網膜炎，該疾病會導致感光細胞壞死而使病人看不見。我們透過植入具有感光元件的晶片取代感光細胞，產生電脈波刺激視神經，以傳遞視覺訊號到大腦，使眼盲者可以恢復部分視覺。其次是腦部疾病，例如癲癇、帕金森氏症或是失智症，也希望能結合現有的晶片技術、生物材料技術、封裝技術等等，透過生醫電子的方式來進行神經調控。以因為腦部異常放電而發作的癲癇為例，大概百分之七十的病患可以吃藥控制，但另外百分之三十無法依靠藥物，所以我們在病患腦部植入電極偵測腦波，當異常放電發生時，透過閉迴路的癲癇控制器晶片產生電刺激，抑制癲癇發作。從二〇〇八年到二〇一三年，先從動物實驗開始，現在已經可以用在臨床試驗的病人身上，也能看到效果，這項技術讓我們在頂尖的固態電路國際會議（International Solid-State Circuit Conference, ISSCC）上獲得傑出技術論文獎，是臺灣第一次！

《記得你是誰》是一本對我影響深刻的書，由十五位哈佛大學商學院教授在最後一堂課所講的故事組成，他們授課的對象都是未來的高階主管。這本書告訴大家要用「自信」、「毅力」、「熱情」來解決困難。

書中的雷波特教授這樣說：「一定要在不確定中保持自信。」當他回想起學生時期「動物學」期末考時，助教提供一個鳥類標本當成題目，只給考生看標本一部分的鳥嘴、鳥腳，要學生判斷這隻鳥的品名、生活習性、羽毛特性等等，考到一半時有位同學突然站起來說：「我不要考了！我爸媽花那麼多錢送我來哈佛讀書，

• Distinguished Technical Paper Award獎牌（相片為2023年由嚴銘浩拍攝）

結果竟然考這種題目？」作勢要離開，助教攔住他詢問姓名，只見學生拉起褲管說：「猜猜我的名字。」組織裡的領導者經常需要決策，但並不是每一個決定背後都有明確的條件，很常要在不確定中去做決定，需要保持信心和勇氣，並有不怕犯錯、負責任的決心。如果只是得過且過，便會錯失許多機會。

再分享一個書中波思教授的故事，有個在農家長大的聰明女生叫做莎拉，她從小幫忙家裡務農，結婚生子後過著照顧孩子的平凡生活，可惜因為丈夫早逝，為了養活孩子而從事清掃工作，其中一個孩子問她：「為什麼要做這個？妳的工作會被鄰居取笑！」莎拉沒有責罵孩子，而是告訴他鐵錚錚的事實——我必須做這些工作才能養活孩子們、才能活下去，而且這個工作必須有人來做。這個小孩就是波思教授，莎拉是他母親。這個故事告訴我們，在公司、學校裡、在社會上，那些你擦身而過、叫不出名字的同事、路人，他們都為自己、為生存而辛苦打拚，因為有每一個人的努力，組織運作才得以推動，得以進步成長。身為領導人，必須學會感恩、關懷你所領導的員工，他們不只是一堆數字。

未來人才的三項條件與心態

我從事高等教育多年，我認為未來人才需要具備三項條件：培養創造力、跨領域思考、解決問題的能力。愛因斯坦說：「想像力就是一切，就是即將發生之事的預覽。」想像力便足以培養創造力，讓人創造很多東西。第二項是跨領域思考，舉一個例子，Intel將無線網路放進筆記型電腦的靈感是來自於阿拉斯加的漁船作業，小船抓到鮪魚後放到大漁船，大漁船將鮪魚運到岸上的工廠，做成鮪魚罐頭，這之間需要保持暢通的連絡，才能確定鮪魚的新鮮度。因而發現人類對移動通訊的需求，才進一步有將無線網路放進筆電的想法產生。Intel是一家很重視人類行為的企業，他們透過研究、分析人類行為來開發產品，這就是跨領域的思考。第三項是培養解決問題的能力，比如陳士駿先生發明的YouTube，源於想和朋友分享影片但不知道去哪裡分享、怎麼分享，為了解決這個問題，YouTube才會誕生。

最後要分享一位英國爵士Sir Christopher Wren（1632-1723）的故事，他是英國皇家學院的創辦人，也是聖保羅大教堂的建築師。某天他在大教堂工地與工人聊天，他問：「你在做什麼？」第一個工人說：「我正在把石頭打成碎石。」第二個工人說：「我正在打工，要賺錢餬口。」第三個工人則是說：「我正在參與建造世界上最美的建築。」這個故事告訴我們：你的態度決定了你的高度。要當一個領導人，最重要的事就是Open Mind。而這也是跨領域合作時最困難的地方，例如學電子的人該如何與學生醫的人溝通？醫生不懂電子、不懂IC設計，而我們也不懂醫學，因此必須透過開放的胸襟，不停發問、反覆解釋，有效溝通後才能順利合作。

人生免費的悠遊卡到底在哪裡？每個人都是與生就具有！你的熱情與理想就是一張免費的悠遊卡！記得要好好善用它！

學生回饋
FEED BACK

劉顒慈

醫工系・三年級

聽完吳重雨校長的演講覺得很有感觸，雖然吳重雨校長小時候家境不好，但他依舊很努力的讀書，一路念到了博士學位，而造就了現在的他，於是我告訴了我自己，我應該要向吳重雨校長學習，好好努力、認真地學習。從小，我就常常想著，我有一天一定要出國去念書，想要看看外面的世界是如何，也幻想著如果可以，很希望在大學的時候可以出國當個交換學生，完成自己的一個夢想，但由於經濟問題，實在是沒有辦法，在演講中，吳重雨校長之所以沒有出國念書，而是一直留在臺灣完成博士學位，也是經濟上的問題，但他說以後出國的機會真的很多很多，聽他這麼一說，也讓我突然轉變了一些念頭。

吳重雨校長在演講中提到了一句話，令我印象深刻，他說：「不是因為機會太少而餓死，而是機會太多消化不良而敗死。」我們常常聽到要把握機會，機會是留給準備好的人等等的名言，我也常常藉由這些名言來警惕自己，希望自己能夠珍惜機會，好好把握，但想了一想，有時候我好像會太貪心，覺得什麼都想學，或者是什麼都想做，覺得自己做得來，但到最後，都以不太好的結果收場，因為同時間想做那麼多事情，有時是時間真的不夠，加上自己能力不足，當有時間壓力時，自己便會開始慌張，急著想要完成任務，在倉促的情形下，而忽略了許多細節，或者會不小心犯下許多錯誤，導致什麼事情都做不好，真的是會消化不良而敗死。因此，我會好好警惕自己，其實機會有很多，除了好好把握之外，也要適當地拿捏，不要過度貪心，一件事一件事好好地完成，行有餘力再繼續接下一個任務。

吳重雨校長在大學就讀電子物理系，碩士與博士則專研於電子工程，而他現在的研究與我就讀的科系生物醫學工程相當有關，因此讓我特別感興趣，校長有提到，很少人在學類比IC，大部分學的都是數位IC，而這一點因為就讀科系的關係，且不久前在課堂上教授也有提到，類比訊號對於學醫工的人相當重要，學的人少，因此成為了我們的優勢。大學剛進入本科系時，其實相當迷茫，不知道畢業後可以往哪一方面去發展，相信這也是現在許多大學生的困惑與煩惱，聽完吳重雨校長的演講，覺得就讀醫工系是個滿棒的選擇，即使常常聽到同學們抱怨我們學的東西很不專精，什麼都要學，卻什麼都比不上別人，但聽完演講後，我改變了一些想法，我告訴了自己，應該要把握什麼都學得這個優勢，但還是要從眾多的領域中，發展出一個自己最專精的項目，來作為自己最大的優勢。而吳重雨校長也提到三個重要的能力，「創造力培養、跨領域思考、培養解決問題的能力」，我想這三項對我們來說真的非常重要，也是我之後應該要好好學習的部分。

在演講最後的QA提到，吳重雨校長從事工程領域的研究，但女兒從醫，而兒子則是發展於音樂領域，我很贊成也覺得吳重雨校長尊重孩子的興趣發展這一點非常的棒，也很感謝自己的父母沒有給予我任何限制，讓我就讀我現在的科系，選擇自己想走的路，並對自己負責，我想這是相當重要的。

聽完這場演講，學習到很多，也深深的對吳重雨校長感到尊敬與崇拜，而在演講中，也提到了很多不一樣的想法，值得我去好好地思考，相信對於我們會很有幫助。

塗鴉藝術家 BOUNCE

BOUNCE畢業於輔大應用美術系，高中就奪得全國油畫比賽第二名，現在則是國際知名塗鴉藝術家。傳統藝術背景出身，跳脫框架開始從事塗鴉藝術，經歷家庭革命、無合法塗鴉場地等困難，堅持理念、持續不斷創作。創作媒材從原先的2D塗鴉、3D玩具公仔，到現在Web 3.0的NFT。

作品風格鮮明，獨具潮流藝術商業優勢，常受邀為國際品牌創作，也與許多知名IP角色聯名合作，更曾至歐洲舉辦個人特展，以及到夏威夷參與全球最大塗鴉活動POW WOW Hawaii。

寄生藝術，從街頭塗鴉找到人生的意義

我的塗鴉可能跟一般大眾在街道上看到的不太一樣，我認為我所做的，可以被稱為「寄生的藝術」，為什麼？因為塗鴉對我來講，很像寄生在一些不會注意到的地方或任何東西，賦予它新的生命；塗鴉也寄生到我的人生，賦予我完全不同的生命。

我之前是做傳統藝術的，為什麼塗鴉讓我如此著迷呢？因為它主要想傳達的意念是表現自己、不要在意別人的看法。那麼，該怎麼樣做，才能凸顯自己跟別人的不同呢？像我是傳統藝術大學出來的，要怎麼做才能讓大家注意到我？通常是自己花錢做很多作品，辦一個大展覽，為期一個月，可能只有開幕跟閉幕才有人來，最多一、兩百人來參觀吧！

為什麼有那麼多人想做塗鴉？因為想要表現自己，相信社會還是有階級制度，很多人的名字都會出現在街頭、電視、新聞上，我們人生不比別人差，那為什麼別人不知道我是誰？所以街頭上，有很多人的塗鴉會寫上自己的暱稱。在紐約早期，有一份報紙在探討「TAKI 183」，這個人在街上到處「落款」，之後整條街就開始討論這是什麼、這是誰，包括新聞媒體都在討論，雖然大家不知道他是誰，但每個人都注意到他，他證明自己確實存在於這個世界上，所以開始有一窩蜂的人用這個激進手段來表現自己，街上到處都看得到塗鴉。

以我多年來的分析，塗鴉大致上可分為兩種，這兩種都叫做塗鴉，在街上看到很常是簽名，它絕對也是塗鴉，而且這是塗鴉人的必經之路，只是跟美感沒有太大的關係，它雖然有各自的美感，但一般大眾可能不太會去注意，已經寫這麼複雜了，還是會被認為這是在亂寫，我將它定義為「行為」的「塗鴉藝術」。另外一個，則是我極力推廣的，它是屬於藝術美感的塗鴉。

● 兩種塗鴉

塗鴉除了「畫」，還有「做」，藝術家可能會用快閃的方式去挑戰一些大家不敢塗鴉的地方，例如：之前我跟朋友說：「你敢不敢在警察局前面簽名？」街上的簽名，就像是塗鴉人的留言板，它很像是一個網路的群聚，以前沒有臉書的時候是怎麼彼此認識的呢？我們可能在這個地方簽個名、畫個圖，然後隔天旁邊就多了一個新的名字，就會知道那個人注意到自己了，總有一天兩個人會遇到。也可能會看到別人簽在一個很不可思議的地方，大家就會討論這件事情，所以它強調的是「行為的目的」。但對社會大眾來講可能無感，而且常常否定認真塗鴉的人。很常看到報導說塗鴉破壞市容，這時候我就會很難過，因為我們那麼努力去推廣塗鴉好的一面，卻常被負面新聞一次蓋掉。

各種不同類型的塗鴉，展現不同的風貌

塗鴉的類型大致可以分為幾種，第一種是tag，對我來講就是簽名，你要學習怎麼簽名，才會讓大家知道這個簽名是你的風格，所以在街上可以看到很多人創造自己的字型或字體，讓其他人可以辨認出來，有些很厲害的會變成流行，滿街的人都在簽你的風格，就像字型一樣。若有機會到紐約街頭，可以看到tag就像我們的書法一樣，他們會請藝術家寫滿這整面牆。在國外，這是一種藝術。

為什麼會有「泡泡字」？要怎麼快速簽更大讓更多人發現？於是他們就把字變得胖胖的，又有自己的風格。

再來就是piece，比較大型且完整，也是我近期在做的，包含完整的藝術美感、構圖，也需要花更多時間創作，少則三、四個小時，更大的可能就需要一天。像剛剛看到的泡泡字、簽名等塗鴉，可能在五到十分鐘之內就可以完成，畢竟在一個地方待太久，可能有機車經過或是警察巡邏。但是piece會畫在比較安全的地方，像近幾年，我跟臺北市文化局溝通，於是他們開放合法的塗鴉區，漸漸帶起風潮，臺中、臺南都有了，所以現在塗鴉不一定違法，有興趣的人可以到合法區嘗試看看。

再來就是刷大字，占領整個牆面的大字，都是自己的名字，但是這東西通常要

到比較偏僻的地方才看得到。

塗鴉的目的就是證明自己存在。有一種塗鴉形式是模板塗鴉，不一樣的地方在於，可以快速複製，因為有模板可以到處去噴，這種塗鴉可以述說更多故事，可以去諷刺社會議題，但是我不太適合的原因是他的複製性太高了，因為我是做傳統藝術的，所以希望每個作品都是經由我的手。

另外，影響塗鴉創作最重要的就是環境，我常常到現場之後才知道要畫什麼，因為周遭環境會告訴我要畫什麼。

專科出身，作品卻沒有靈魂

是什麼造就了我現在如此著迷於塗鴉藝術？這要從我小時候開始說起。

我從小就很喜歡畫畫，對我來說，讀書真的很難。到了高中，成績不太理想，也不知道怎麼進入大眾眼裡的好高中，因此選擇了職業學校，當時我想從住家附近的兩個學校做選擇：志光商職跟復興商工，而我順利考上比較重視術科的復興商工。

我在復興商工如有神助，只要努力一點就看得到成果，也可以做我喜歡的事情。當時每天都在做傳統訓練，像是石膏像、油畫……那時的油畫訓練，我是畫印象派、立體派，高二時拿去參加不分齡比賽，得到全國油畫展的銀牌。我算幸運的，因為喜歡畫畫，進入復興商工就是做我喜歡做的事，所以非常投入。但其實算學校提供的訓練很八股，畢竟是職業學校，所以必須訓練我的技能足夠出去賺錢，相反地，每個人畢業後就像被設定好的機器一樣。直到現在我回去復興商工，看學弟妹的作品都還是如此。

這種做法沒有錯，因為學校必須確保學生一定水準，但在過程中很容易失去個性，變成畫畫機器，不知道自己在畫什麼。就像我之前得那麼多獎，我很開心，但是卻不知道自己在畫什麼、為什麼要畫這幅、為什麼要畫風景，是為了交作業嗎？還是為了應付老師？我不懂，雖然很開心、有成就感，但偶爾還是會懷疑自己。

因為我很投入其中，所以我是全校前三名畢業的，不用通過大學聯考，就可以申請輔大應用美術系。我從沒想過能夠進入大學就讀，連我的家人都沒有想過，而且輔大算不錯的私立學校，親朋好友對此瞠目結舌：像我這種很不會讀書、英文考很爛、每天都在訂正考卷的學生，竟然靠畫畫申請到大學！

大學生活最重要的是什麼？就是上臺表現自己。我以前是完全沒辦法站在群眾面前講話的人，是因為塗鴉，讓我有機會訓練自己的對外表達能力。

同學們拿著作品上臺，講了一連串故事：這個作品是要探討人類的社會……我看了他們的作品，心想：「你們在畫什麼東西啊？」他們有想法，但是技術還不到，而我的技術算是有，卻不知道怎麼表達。

復興商工畢業的學生，作品很制式化，講難聽一點就是「匠氣」，很多朋友都要我多看點書，因為我很匠氣。這對我的打擊很大。大一時，我很難過，覺得自己比別人低一個層次，因為高中生每天都會閱讀，而我則是不停地畫畫，素描第一堂課畫蘋果，要畫得跟真的一樣，畫一百顆都要畫，畫不像的話，撕掉再畫，學校就是要訓練你的技術強到不行，但不一定要有想法。

可是進到大學後，我得到了無數的自由時間，我可以去找什麼是我要的。為什麼我有很多時間？因為同學不像我在高中時已經密集訓練過了，老師教的技術我早就會了。相對地我得到了「自由」及「視野」，我看到了這個世界，因為在復興商工時是看不到這個世界的。

圖像語言是全世界都可以讀的語言

高中時我很喜歡玩滑板，也看了很多關於滑板的影片，然後塗鴉牆上也有這些複雜圖騰，便開始研究，當時還出現一個名為「街頭霸王」的樂團，給了我很大的思維衝擊。

我高中畢業時，零星接一些插畫案子，想賺點外快，像是童書的插圖，例如我以前曾畫過一個媽媽帶著小孩，小孩很開心比了一個手勢，但我只畫四根手指頭，出版社就問我：「你在畫什麼東西？人有五根手指頭，你怎麼只畫四根？」諸如此類很制式的想法，但是現在很多卡通人物，他們的手指頭不一定是五根，誰不知道人有五隻手指頭？為什麼在童書裡還要侷限想像力跟美感？

所以當初看到「街頭霸王」這個虛擬樂團，創造幾個漫畫角色、出一張唱片，然後十幾年過去又出了一張。有人可能會想：「這是什麼形式啊？都是假的啊！他們是誰？」但是你會發現，他們利用繪畫、漫畫塑造生命和個性，這對我來說很衝擊。當初我怎麼會把眼睛畫成全黑的呢？出版社一定會質問我到底在畫什麼？再來「街頭霸王」畫的是街頭上最寫實的叛逆，我從來沒看過這麼叛逆的，所以那時就開始研究，即使不知道要畫什麼，但我清楚自己想要這種風格！

我開始思考一件事情：為什麼要塗鴉？因為我是本科系出來的學生，希望讓更多人認識我、看到我的作品、喜歡我的作品。臺灣不是英語體系的國家，為了讓不懂英文的人也看得懂我的作品，於是就想到一個方法：圖像，圖像語言是全世界都可以讀的語言。

不是只為畫而畫

為什麼要在街上畫圖？我不想要只是單純為了自己快樂而畫，我想要在街頭說一個故事，所以我創造了一隻兔子。最早的兔子長得滿醜的，這隻兔子叫做BOUNCE RABBIT，為什麼要叫這個名字呢？因為我常看電影，裡面會有人說：「欸！我們等下去哪裡？」他們總是會回：「Let's bounce!」我很訝異他們用bounce這個詞，連說話用字都很表現自己，所以當初黑人文化或西方文化為什麼會有這麼多的嘻哈文化產生，就是要在街上讓人看見他們與眾不同之處。為什麼要叫BOUNCE？大家都是平穩地走路，為什麼我不能用跳的呢？我要讓大家注意到我啊，所以我開始創造這個角色，一隻有缺陷的兔子。大家看到卡通裡很可愛的兔子，甚至有時還會跟人玩，但是我養過兔子，牠們才不是這樣，每天只會窩在角落，叫牠過來也不會理人，整天吃東西或咬電線，讓我很生氣，所以我想創造一隻有缺陷的兔子——牠看不見、沒有雙手，只有兩隻腳。

因為牠看不到大自然的美、摸不到美，只剩耳朵，所以牠就來到城市找尋所要的聲音跟節奏。我當時把這個故事發表在網路上，把圖畫在街上，大家如果看到BOUNCE，想知道這是什麼、上網查，看到故事就會恍然大悟，我的塗鴉從此開始。

一開始我不知道要用什麼工具，因為噴漆罐取得不易，還要用專屬噴頭，所以我就帶支麥克筆，到街上到處亂畫，畫了第一隻兔子之後，覺得好刺激，因為我從來沒做過這種事。

見我投入塗鴉，我的高中同學好奇問我：「你以前有這麼叛逆嗎？我都看不出來。」這就是塗鴉很重要的精神。

剛開始在街頭畫畫都要找深夜進行，邊畫還要邊留意警察，很快地我就畫到手沒有力氣了，因為一般人不會按噴漆罐按這麼久，雖然手都抽筋了，但真的很開心。從那次之後，我就發現塗鴉是我想要的東西，為什麼？傳統繪畫可能是在家裡畫一張油畫，一

● 我創造的兔子BOUNCE

邊聽音樂、喝飲料、喝咖啡；但塗鴉不是，它是在一個你選擇的環境，加上要注意周遭，帶來緊張感，視覺、聽力、嗅覺都會變得很敏感——因為要留意警察，所以視覺、聽力變得很重要；嗅覺則是因為聞到噴漆的味道而格外刺激。塗鴉不只是手部動作，而是全身感官都會打開來進行創作。

塗鴉不是拿一支筆在畫紙上作畫，畫的範圍很大，一條線不能分段畫，得先看好要畫到哪裡，一次拉到位。塗鴉除了用感官創造之外，也會用到全身肢體和肌肉，簡直是全部身心靈地投入。

很多人認為塗鴉是「破壞」，而我思考了很久：塗鴉應該要畫在哪裡呢？像我並不會畫在很新的建築，反而會去找一些大家覺得很破舊的角落，或是大家不會注意的地方，我在此創作，是否有機會改善這個空間呢？畫上了這隻兔子，牠就就活在這裡了。我希望透過塗鴉，賦予這些被忽略的地方新生命，有點像是寄生的概念。對塗鴉藝術家而言，任何作品放在街上，都是責任。我透過到處創作，慢慢得到許多人的關注。

即便不懂，也可以感受得到當中的靈魂

我曾經遇過一位老人家，他看到我的塗鴉時，不僅沒有責罵我，反而告訴我：「我覺得很有趣。」我問他為什麼，他說：「就好比書法，寫得好看的字，你可以從中看到它的力道、生命、靈魂還有骨架，而我從這個塗鴉裡，也看到了這些東

西。」我那時相當震撼，因為兩人處於不同年代，透過塗鴉這麼新的東西連結起來了。他不一定了解我的創作理念，但他感受到了作品的精神，讓我相當感動，對我來說是種肯定，原來看不懂塗鴉的人還是感受得到我。

後來，我希望作品能更精進，於是決定做piece，開始做大一點的作品，融入不同的主題。當時我很喜歡忍者龜，所以把兔頭結合忍者龜。我覺得塗鴉可以改變一件事情的證據。那時候我讀輔大，下課會經過一條路，有一戶人家的鐵皮門上寫著「抗議」，也被潑漆，更寫了很多像是「瘋子、殺人魔、滾出去」之類字眼。探問附近居民，才知道這是一個精神病患團體的工作室，他們會做手工藝、做糕點或是縫衣服來賣，鄰近住戶可能覺得會有一群瘋子在這裡，所以超害怕，每天謾罵，街上都是抗議的布條，連我騎機車經過時，都覺得好不安。

● 兔頭結合忍者龜

於是我決定跟朋友去找那間精神病患工作室的負責人聊聊，詢問是否能幫他們畫鐵門，獲准後我們畫了兩隻兔子，手握手有點像是和好的樣子。後來，那扇鐵門就沒有再被破壞過了。從那次的經驗，我學到藝術真的可以緩解環境的衝突。

在夢想與現實中掙扎

我大學延畢了兩年，因為當時塗鴉事業慢慢做起來了，結識了許多人，也獲得很多廣告機會，所以我想把事情都完成後再去當兵，要不然我入伍之後，大家聯絡不到我，之前的努力也就白費了。

我的塗鴉生活因為軍旅生活開始就結束了嗎？不，我新訓之後的第一個作品加入當兵元素，甚至到兵役後期，我有很多活動機會可以出去「放風」，因為連長和營長從一些流行雜誌發現了我的「專業」，問我：「你在做什麼？」我說：「塗鴉。」他驚訝：「你竟然會做這個！」從此以後，只要有什麼事情，我都可以告假，那時候跟連長說：「不好意思，我要出去出席活動或是拍雜誌。」連長就會說：「好好好，你趕快去。」那時候沒有社群媒體，要想盡辦法讓大家記住我不可，而塗鴉讓連長、讓所有看過我的作品的人都記住我了。

退伍之後，我面臨到一個現實狀況：我已經不是學生了。這也是塗鴉人的必經階段，我必須生活、要回饋家人，那時做了很大的決定：我不做塗鴉了。就算之前已經打造了這樣的知名度，我還是必須去找一份正職工作，然後賺錢回饋給家人。那兩年的時間對我來說真的是一片空白，因為我是某公司的業務，一早

• 新訓之後的第一個作品加入當兵元素

就要出門巡店，所以基本上兩天就要開車環一次島。每天早上出門，我媽還沒起床，晚上回家，我媽睡了，我把每個月的薪水都給我媽，因為我每天都在工作，用不到錢，吃也是公司付錢，就這樣日復一日地過了兩年。

幸虧有空白的時光，才有後來的體悟

那兩年真的過得很空白，但在這過程中，我慢慢發現，當初為什麼叫BOUNCE，是因為要去找自己的目標。我常常看到有些長輩，甚至是我的家人因為家庭的壓力，需要養家、為了生活去做一份工作，甚至不是他喜歡的事情，但是久了，他就習慣了，變成了社會的一顆螺絲釘，但這不一定不好，我常常在想我媽媽年輕的時候一定也有自己的夢想，但是時間久了，因為生活，而慢慢放棄了，就變成社會的平凡人，所以我覺得那陣子的空白，讓我有種自己快變成那個樣子了，我突然驚覺了一件事：從小到大，我對每件事情都很強烈，聽到很壯闊的影片或是音樂就會很振奮，但是那兩年呢，我發現我喪失了那個能力，變得好呆板、沒有情緒，很平緩地工作，就像個機器。於是我開始跟家人討論，可不可以讓我繼續做兩年前在做的事？也就是我的塗鴉事業，當然這段期間也是革命了很久，最後他們妥協說：「好啊，你繼續做，如果沒有成功，就回來繼續工作。」雖然到現在我媽還是希望我找一份穩定的工作，但也因為這樣，上禮拜我一辭職，下禮拜馬上有一堆展覽或廠商來找我合作，好像是老天爺告訴我：「對阿，這就是你應該做的工作。」所以找尋自己人生的使命以及目標是很重要的，但是回頭想想，還好有歷經那兩年，得以找到我的使命。

各大廠牌爭相合作，人生一次又一次地被肯定

因為塗鴉，我開始做更多不同的東西，向外延伸，然後也學習不同的技巧，這樣的好處是我可以做得更廣，再來是我可以跟不同行業的人合作，在我當兵的期間，有個牌子想要找我幫忙設計鞋子，那時候臺灣哪有什麼藝術家在做鞋？我是唯一一個，可惜那時候我正在服役，設計圖跟材料等問題我沒辦法直接溝通，所以那雙鞋的設計我並不是非常滿意，跟原本預計的不太一樣。後來有個公仔藝術家找我設計這個很像蟲的東西，他找很多藝術家來做上面的圖騰設計，我就是其中一位，這也開啟了我做公仔的想法。後來紐約有位公仔藝術家也找我去改造他的公仔，於是我開始創造我的第一隻兔子公仔，慢慢地，把兔子轉化成人的形象，叫做BOUNCE BOY，總共一百隻，都是手繪的，因為上面的圖都要像我以前作品的質感，工廠是做不到的，雖然是公仔，但它也是一種藝術品，那時候國外看到我的作品，都競相報導，因為它的衣服與用色都充分地表現出我們的東方文化。

● 與公仔藝術家合作

後來我的創作也開始寄生到其他品牌，像是Nike來找我創作，為什麼呢？這其實給我人生一個非常重大的啟示。我一直以為藝術家只要好好做作品，有人喜歡我的作品就好，而那一次他們邀請我，那我需要畫什麼圖嗎？他們說不用，你來拍照就好，我問為什麼，我這才慢慢了解到，藝術家除了自己的作品，經營品牌也很重要，他們看到的不只是你的作品，還有你的價值。我當時很慌，因為我只是個在家或在街上畫畫的人，怎麼會找我拍照呢？只因為他看到我的價值，這個價值的好處就是你做的事情又更廣了，我不用每天很辛苦地做作品賺錢，就像你看雜誌上的明星，他們不用做什麼，只要露臉就可以拿到錢，而露臉的價錢怎麼訂，沒有人知道，所以這麼久以來，我在做的事情不一定是價錢，我覺得能有這樣的機會我很珍惜。所以做每件事，不一定要得到錢，

● 與Nike合作

● 為Nike臺北旗艦店繪製Jordan形象

有些是得到機會，看每個人怎麼看待這件事情，得到機會、得到錢、得到曝光，就有機會得到更多國際品牌的邀約。那次我在信義區拍了一連串的照片，跳了一百遍，開車回家還抽筋，就會覺得當藝人還滿辛苦的，做一些你想不到的事情。

後來Nike陸續找我合作，這個也算是一個很經典的重要作品，當時Nike在臺北開了一間旗艦店，需要找個藝術家去做Jordan的創作，他們還要求我畫Jordan的形象。當初我很緊張，因為Nike跟Jordan的審查很嚴格，有可能忙了半天沒通過，不通過就不用再畫了，他們在亞洲審了很多人，都沒有人通過，我思考了很久，想運用高中所學的立派，也就是結構主義，雖然看起來像是馬賽克玻璃，但其實是結構，裡面放了很多東西，有我的兔耳朵，再來就是Jordan一代的鞋，兩雙併在一起變成二十三號也是Jordan的背號，還有籃球、籃框、三分線等元素，拼成一個作品。提交出去之後，隔一個禮拜，我得到答覆：「OK，通過了！」重點是我有畫Jordan形象，他本人也有看過，說可以才能通過的。哇！人生又被肯定了一次！

還記得有一次，G-shock要辦發表會，我問窗口：「我要畫什麼？」對方回答：「沒關係，畫你想畫的圖，記得放我兩隻手錶就好了。」我覺得這次畫出來的概念很有趣，為什麼我的兔子會有三個眼睛？因為就是G-shock秒針的格數，成品他們也滿喜歡的。後來他們辦發表會，我何德何能可以站在舞臺中間位置啊，藝人們都在旁邊，是因為他們都在走秀，第一個我先出場，也是我人生第一次擺pose秀手錶。經過這個事件，我想如果當初我沒有那麼認真思考，到處亂畫而不去管責任這件事情，單純只是畫開心的，我會有今天嗎？所以我覺得做任何事情，重要是你喜不喜歡，喜歡的話，就認真、用心地去做。

塗鴉還給了我許多意想不到的經驗，大家都知道漫威之父Stan Lee，像是鋼鐵人所有都是他創造的，而我的作品在某次機會下，也讓他看到了，我那時就畫了一個作品，並請他在我的作品上簽名，所以這個作品到現在也算是我的傳家之寶，多年前的我，想過做塗鴉可以讓我的作品給Stan Lee看到嗎？沒有。我怎麼會知道我的人生因為塗鴉可以認識到這麼多人，竟能跟我從小的偶像、電影明星見到面！

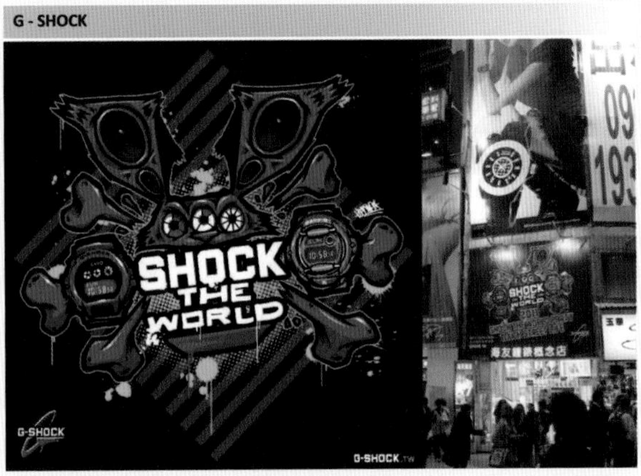

● 為G-SHOCK發表會設計塗鴉

在事情中尋找成就感，哪怕只有一點點也很重要

有人問我：「在創作過的所有作品當中，有沒有哪一個是你印象最深刻或是最有成就感的？」我覺得這可以分成兩個層面，一個是完成後成就感比較高，就像我人生第一個作品，雖然它是我第一個塗鴉而且很醜，但會發現自己做了一件特別的事情，也是很叛逆、很爽的事情，第二個成就感可能是我畫一個地方給老爺爺看，他不懂，但是他認同，這件事情對我來講是個新的肯定，慢慢地，會看到靠不同的東西累積的成就感。每個人在進行一件事情一定都會有挫折，但是同時也要學會享受那一點點的成就感，因為它是成長的動力。

好比我在玩滑板時，也學到很多道理。滑板是一個人的運動，它很難，不是你看完書、影片，了解它的原理就能學會的，它是需要靠身體的感覺去做動作，才能成功，所以需要很多時間累積的，當初我們那群玩滑板的人有十個，最後只剩下我一個人在玩，為什麼？因為挫折感很大，你要能在那挫折感裡面找尋一點點的肯定，例如「我今天跳起來有一點點高了，好爽哦！」就算沒有人看到，我在那份成就感裡，得到一點點養分，回到我的創作，其實也是一樣的道理，每個作品裡都帶給我很多不同的感覺，而我全都記得，例如為什麼當初這樣畫。藝術家真的要學會自嗨，你自己都不欣賞自己的作品，要怎麼讓別人欣賞？所以我認為，成就感是從不同層面得到的，得到之後會很開心。

舉了這麼多例子，最重要的是自己要找到衷心想做的事情，然後好好地、認真地做，不要停，當然過程中，一定會有挫折，可是遇到挫折的時候，一定要學會思考，這時就是要你去判斷往左、往右的時候了，到最後就會得到你想要的東西，但是你如果不去嘗試，就會永遠不知道，當你慢慢試出來，就要把握機會，把握自己的能力，一直走下去。Keep bouncing，跟我一樣一直跳吧！

• 2017至2019年間的塗鴉作品

學生回饋

FEEDBACK

王芊懿

經濟系 ■ 一年級

如何將懷揣社會漠視眼光的街頭塗鴉，戴上藝術桂冠？

聽到今天講者簡述自己創作的風格轉變，我先想到繪畫大師畢卡索——經過繪圖方面的專業薰陶，幾乎栩栩如生的摹物技法卻讓創作者捫心自問：這樣的藝術結晶有「自我」嗎？誠如講者所言：「成就感使人反思。」根基的紮實訓練只能讓他成為高技術質量的繪畫機器，如何跳脫窠臼與匠氣桎梏，驅使講者在「塗鴉」裡尋求蛻變。

普羅大眾當作環境髒亂淵藪的噴漆，是講者想扭轉的觀點，他提到塗鴉是「自我表達力訓練」，必須明確想傳達的思緒、用身體帶動噴漆線條彎曲，用盡五感為創作賦格。本來多數只是簡單簽名線條的噴漆，在他的細膩心思裡卻有另一種詮釋法：圖像創作。對於藝術創作者而言，「我希望你解讀我」的訴求既隱晦又強烈，而講者認為「圖像就是最好的説書人」，我也深以為然：匆忙的都市步調，大部分的人無心留神灰暗涵洞寫了什麼樣的字，但換作鮮亮的噴漆圖像卻有引人多看幾眼的吸引力。

講者令我覺得難得的地方，是後來在噴漆藝術領域中他更加花費心思琢磨的部分：求新求變。不只是用塗鴉美化都市外緣廢墟景觀，那些寄生在圖案裡的一筆一劃都與在地特色有所結合，因此他的「廢墟寄生」似乎不再單純是街頭塗鴉，而是藉著自己對創作的熱情作骨幹，疊加對在地的了解與關懷，其中參雜更多良善的美意。

許多人隨波逐流，似乎

就這麼跟著專業科系的既定出路走，但BOUNCE另闢蹊徑，他對於追逐理想藝術形式的大膽，與在闖出名氣後的在地回饋，都值得讓我叩問心之所向、為築夢邁出步履。

第四十五屆國際技能競賽「汽車噴漆」
金牌得主

楊婷喻

操作型性格明顯的楊婷喻，認清自己的優勢與劣勢，升學時選擇念產學訓專班，白天上班、晚上上課，雖然辛苦但甘之如飴。曾獲第四十五屆國際技能競賽「汽車噴漆」金牌，現任職於BMW經銷商台北依德品質技術課。

楊婷喻・演講

職業不分性別，忠於自己的心，做最熱愛的事

很多人都問我們說什麼是「汽車噴漆」，汽車噴漆也可以叫作車輛塗裝，我會把它跟「汽車技術」做比對，汽車技術就是你們大家比較熟悉的，例如家裡車子進廠維修保養，可以把它比喻成內科，類似我們感冒看醫生的意思；汽車噴漆比較像外科，就是整型外科。

選擇汽修科的契機

為什麼我會念汽車科呢？我國中時本來想念的並不是汽車科，而是觀光科、餐飲科或是美容科。那時候的國中生都會想念這些科系，因為學校的招生廣告做得很好，這些學校在推廣他們的職科時，會做很多表演展覽來吸引我們。那時候我跟爸媽說：「我不想念一般的高中，因為我在念書這塊很不在行。」但是爸媽當時並不想讓我念這些科系，他們認為這些科系學生人數很多，怕我出社會後無法生存下去。後來我又看到了新聞報導護士缺工的問題，我就說：「那不然我去念護專好了！這樣應該就不會有就業的問題了吧？就不會有養不活自己的問題了吧？」當時

爸媽也贊成我的想法，同時也問我有沒有考慮過念理工科，他們都是理工科畢業的，媽媽是機械科，爸爸則是冷凍科畢業。那時候我對理工科沒有什麼想法，工科學校比較不會去國中校園推廣或展覽，所以我對工科相對陌生。爸爸建議我選汽車科，我問他為什麼？他認為汽車的產業鏈很長，不是只有大家講的修車或者是換機油、輪胎這些工作而已，從製造研發到最後的售後服務，都是汽車產業鍊的一部分。在我國中時除了基測分發還有免試入學，我用免試入學申請護專但沒有錄取，而分數剛好可以進臺中高工，因此我就選擇了汽車科。

剛入學時我完全不知道這個科在幹嘛，只覺得我是來學修車的。後來聽老師介紹我們的科系，問我們要不要去比賽、要不要當選手、要不要為自己的未來做打算，我才開始認真思考。因為上上屆的學長比賽拿了前三名，後來免試就進入北科大，老師認為以我們的資質，一定可以透過訓練錄取好大學，就不用考統測。當時我心想，太好了吧！不用考試就可以念好大學，那我去當選手好了。我主動跟老師表明參賽意願，經過校內競賽後，順利代表臺中高工參加「汽車技術」的比賽。

我高二那年參加第四十五屆的全國技能競賽，筆試就被刷掉，對我來說是滿大的挫折，聽老師的話總覺得讓我感覺輕輕鬆鬆就可以參加比賽且得個前三名，還以學長為例，他們好像都在玩，這麼輕易就可以上北科！而我第一次比賽就落榜，我超難過的；反而是我們另一個選手，平常沒什麼在練習，最後進入決賽，真的很傻眼，滿錯愕的。過了兩個月後，科主任提議要我參加工科技藝競賽，全國技能競賽是勞動部舉辦的比賽，而工科技藝競賽是教育部舉辦的，只有高中生可以參加，而且這個比賽不需要考筆試，我第一次參加就拿了優勝。

從汽修到噴漆，進到北科大「產學訓專班」

在我工科賽拿到優勝的隔年，也就是高三要準備統測的階段，我再次參加了全國技能競賽，且比賽後隔兩週就是統測，我一邊準備考試一邊準備比賽，那一、兩個月過得很充實，除了上課外也花了很多時間在工廠練習，練習後晚上回家還要複習，幾乎沒睡覺但結果又跟第一次一樣，因為筆試無法晉級。心想著北科無望時，老師提供了一個北科大獨招的產學訓專班，班上幾位同學包含我都相當有興趣，因為可以拿到北科學歷，又可以賺錢，所以當時我們就朝這目標努力，結果很幸運錄取了。

• 工科技藝競賽汽車修護職類

大家可能會困惑什麼是「產學訓專班」，它就是訓練單位、學校、企業三個單位的合作班級。大一的時候我們會到職訓局進行培訓，那一年除了接觸到汽車技術，還有汽車板金，跟一點點汽車噴漆。那時我才開始真正接觸汽車噴漆，才了解原來噴漆是在幹嘛。大一教授噴漆的老師曾跟我說：你好像滿適合做噴漆的。我很開心，終於有人跟我說我適合做什麼事情了。在汽車技術一直失敗，得不到成就感，心情很是挫折的，就剛好利用這個機會，換個跑道看看。

大二就要開始實習，所以大一下學期學校會辦一個企業媒合會，讓我們找喜歡的公司，同時公司也會挑他喜歡的人。當時看到BMW副理介紹汽車噴漆，我深受吸引，心想這裡是天堂嗎？不然我去試試看好了？可是那時爸爸並不想要讓我從事噴漆，他覺得噴漆「很毒」，不懂我為什麼要去做噴漆。我跟他解釋，現在的噴漆和以前的不一樣了，從塗料面來看，以前是油性且要加香蕉水，是很毒的；而現在則是水性的，用清水就可以直接沖洗掉。再加上公司的硬體設備，烤漆爐、準備區也都很完善，個人也都會做防護措施，整體而言，對身體已經沒有那麼大傷害。爸爸考慮了一週後也就同意了。所以我很開心參加了BMW公司的噴漆面試，也順利地進到公司。

在BMW學習，師父一路帶領

師父在我進公司後，給我很大的幫助，剛進公司大概一個多月吧，經理就問我要不要去比賽，那一年比賽的場地剛好在BMW臺北公司。我跟他說：「我才剛來一個月，什麼都不會。」經理叫我不用擔心，會幫我安排相關的訓練，只要告訴他是否有比賽意願就好。我認真考慮了幾天，我還問了爸媽、朋友的意見，沒想到他們都錯愕問我：「妳為什麼不比賽？」我以前參加比賽是為了想考上一間好的大學，可是我現在已經在北科大了，所以比賽有沒有得名似乎不是那麼重要，不如試試看，看能不能在比賽中學到更多不一樣的事情，反正也不吃虧。

大概過了一個禮拜，我回覆主管願意參賽，接下來他就開始幫我安排培訓計畫，把我丟給了我的師父，從訓練到比賽期間，我黏著他一整年，每天都跟他一起做事，越接近比賽，他就陪我練得更晚，公司八點半上班，下午五點半下班，下班之後我們又繼續練習到半夜十二點，他不僅不能報加班，且對他來說一點幫助都沒有，完全是義務性陪我，所以在噴漆這條路上教我最多的就是他，他把畢生所學全都教給我，再一起學習我們不會的新知。

● 英國國旗噴塗練習

「羽狀邊」練習是我遇到的一個難關，被師父監督了半年，一直被罵「這東西都做不好」、「做得很醜很爛」等，每天都被言語辱罵。有一天我被師父激到，他問我：「妳會不會畫英國國旗？我想妳應該是不會！」我馬上把圖找出來隔天就畫給他，雖然看起來有點歪掉但還不錯。這面國旗比A4還小，這個大概花了我兩個月，原因是那十二芒星很常失敗，我做了五、六次之後才抓到訣竅，因為真的太小、太精細。

參與國手選拔，願意溝通才能化解問題

師父帶著我一路從區域賽到全國賽，我在分區賽拿到了銀牌，進了決賽才拿到金牌。我在分區賽拿到銀牌時其實很錯愕，因為沒有想到可以在分區賽拿到名次，總覺得自己會在此止步，比賽生涯就此結束，結果竟然拿到銀牌，很開心，但也接著擔心決賽的表現，結果沒想到在頒獎那天，我拿到了金牌！從沒想過會跟金牌有緣，因為比賽過程中我的心態並不正面，總覺得給自己太大的期待反而會帶來更大的失望，所以我只管把自己的事情做好，不奢求奪牌。師父也跟我說：「把自己的事做好，不要在完賽才後悔當初沒做好，導致錯失機會。」

決賽拿到金牌後，可以參加兩年一次的國手選拔賽，賽制是用積分算的，當時我的積分是第三名，跟第一名的積分差了十分，從歷屆選拔結果看來，基本上已經是沒機會了，怎麼拚都拚不回來。只能說我當年真的超級幸運，因為分數計算的比重調整，第一階段只佔百分之四十，第二階段占百分之六十，剛好我第二階段成績是最高的，所以換算下來與第一名的積分只差零點二分，因此我們就一起進入第三階段，共同訓練了三個月。跟對手一起訓練三個月，然後想著如何打敗他，這種心情旁人實在很難理解啦，因為我又不能真的把他「幹掉」，另一方面也覺得有人陪伴訓練是一件很幸福的事情。三個月訓練結束，到了比賽廝殺後，剩下我一個人時真的滿難過的，因為只剩下自己練習，每天不知道到底在幹嘛，每天都在做一樣的事情，沒有競爭對手反而變成很無聊。

得知自己選上國手時，心情並沒有很開心，雖然彼此是國手的競爭關係，但私底下感情很好，常會一起出去玩，一起做學術上的交流或是心理溝通。我們討論過選上國手是件好事還是壞事呢？我們一致認為是件壞事！當我在培訓時，而他就是一直玩樂，我心裡很不是滋味，但也不能怎樣，一心只想把自己調整到很好的狀態。只是如何習慣自己一個人去做這些無聊乏味的訓練，所以我在訓練過程中會做一些很奇怪的事情，導致老師們不知道我的用意，為什麼我要做這些莫名其妙且對比賽沒有幫助的事？但我覺得這就是我的學習方法。在跟裁判長溝通上也出現障礙，因為我們沒有連結，有一點代溝，中間需要透過老師當溝通橋樑。

當上國手後，除了要應付裁判長，還要應付家人問：怎麼都不回家，偶爾還有同學會責怪我怎麼不找他。所以當時我是沒有家人沒有朋友的，只有一群跟我共患難的國手們，其他國手也是為了自己未來的出路，才會出現在這邊，為了出國比賽，把自己準備好。

因為一直移地訓練關係，臺南、嘉義、臺中、桃園、臺北等地跑來跑去，幾乎是一個禮拜就要換一個地方訓練，要帶著我訓練的傢伙，可能今天從臺北到臺南，待一個禮拜之後再開車到臺中。我覺得練習過程比較像環島，全臺灣跑來跑去。我曾跟裁判長討論過這件事情，因為這樣子會讓人很煩躁，也沒辦法好好練習，這樣我要怎麼好好出國比賽？結果裁判長跟我說：「我要讓妳熟悉適應每個不同的場地，因為我們這次的比賽是不公布試題的。」這一次到俄羅斯的比賽，要到當地才知道比賽題目，主辦方事前完全沒有公告，所有參賽者都是到現場才知道比賽的內容。所以我可以理解裁判長的做法和他的用心良苦，我也調整自己的心態去面對奔波的勞累，這些都是希望我在出國的時候有更好的臨場反應跟發揮。

出國前裁判長會舉辦模擬賽，我在模擬賽時狀況很差，那時候已經練了半年了，距離比賽剩下沒幾個月，我的表現差到裁判長真的快氣炸了，事後他跟我說他回家喝了兩罐紅酒才消除怒氣，他無法理解為什麼已經快比賽了，我做出來的東西還是這樣，為什麼我不能好好認真做，都練了這麼久了，為什麼我做的東西還是這麼爛？為什麼完全沒有進步，程度比半年前還要差？我不服氣，我認為自己很認真在做，並不是他說的那樣，因此跟他賭氣賭了一個禮拜。

而我也冷靜地去跟我的指導老師討論，我覺得我們的培訓方法可以調整一下，因為現在這樣子的方式其實不太適合我，我會去跟所有老師溝通，表達我的期待是什麼，希望他們能了解。幸好他們都很願意聽我講話，了解我現在的心情，所以我覺得這一段過程中溝通真的很重要。

我聽很多選手說他們的老師和裁判長都很「鴨霸」，我會問他們是否有跟裁判長或老師溝通過這件事情，往往會得到「沒有」、「因為他們好兇」之類的答案，我說：「你不去溝通，他們怎麼會知道你在想什麼？」所以我到培訓後期其實是越來越順利。尤其是我師父宇倫，他會幫我排解任何心理的問題，他就會跟我說：「沒關係，妳先想一下，妳有哪些做不好的地方，有沒有什麼想改進的地方，我們一起討論，才能把自己最好的一面展現出來。」

參加國際賽，讓世界看到臺灣，讓臺灣重視技職

在去俄羅斯之前，先去阿布達比參加亞洲賽，在亞洲賽的時候，其實還沒有逼出真正的國手，我跟我的競爭對手一起出國比賽，那一次的比賽他才是主要的評分對象，我只是去觀摩的。然而，那次比賽參賽者有點少，所以原本只是去觀摩的我也被推派參賽，所以我跟他兩個人就一起參加了亞洲賽。那是亞洲賽第一次舉辦，也是我第一次參加國際賽，在過程當中，我有一個很大的失誤，而他就是很順利做完。我們採分組進行，他先做再換我，我做完再換他，有一個項目他做完了我卻沒有做完，我當下站在賽場真的差點哭出來，想說為什麼會沒做完？我明明在臺灣練了很多遍，也被裁判長虧了很久：「妳怎麼會沒做完？」

那次挫折是我噴漆這條路上最大的挫折，經過這次挫折之後，我在之後的比賽都是抱持一個平常心，不要想太多，因為亞洲賽時一心想著要趕緊做完，所以我做得有點太著急。這張照片是在比國際賽的時候，我們要穿成這樣，戴護目鏡、耳塞、防毒面具，還有防塵衣和手套，全身都要包起來。

這一張照片很重要，因為我們在國際賽的時候不能放國旗，只能放會旗，就跟奧運一樣，塗料贊助商就做了這個小旗子，國旗旁邊有一個黃黃方方的，那個就是廠商的牌子，他幫每一個國家都做了一個這樣的旗子，臺灣這面旗子原本是被收起

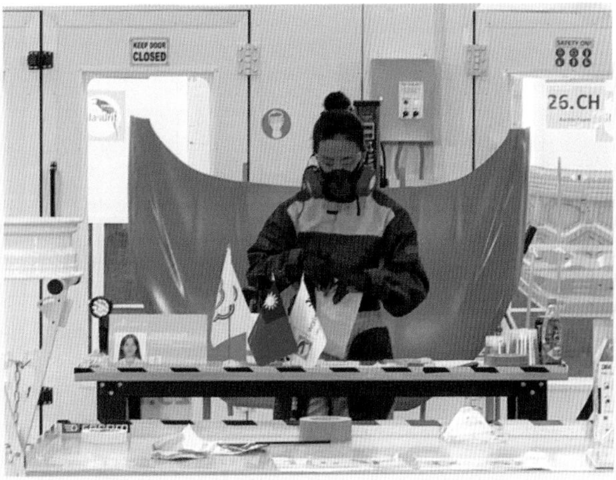

• 2019年國際技能競賽畫面

來，其他國家都放出來了，只有我這邊是被收起來的。那時候馬來西亞的裁判長問我：「妳怎麼不拿出來放？」然後我們裁判長就說：「不行啊！我們又不能拿這個出來放。」馬來西亞裁判長又說：「你怕嗎？我來幫你放。」然後就幫我放在桌上，剛好攝影師過來幫我拍張照片，所以這個就是臺灣國旗很難得出現在國際場合上的留影，後來過沒多久就被收掉了，因為中國裁判長過來了。國際賽事會有很多團隊來參觀，剛好中國參訪團經過，就圍在我桌子前面吵了起來，所以後來就被收掉了。

我們本來就會帶國旗出門，可是多數的比賽都不能拿出來，因為會被取消參賽資格，所以就算只能拿中華台北這個會旗還是只能接受，因為不接受就不能比賽，不能比賽就無法讓全世界認識臺灣。

我們在比賽的時候，每個人對自己的要求都很高，即使裁判長跟我們說：「做得很好、很棒。」但還是會想我們可以做得更好。在二〇一九年之前，全臺灣應該沒多少人知道我們這些技職國手，甚至不知道技職也可以參加國際賽，直到二〇一九年「技職3.0」跟著我們去俄羅斯，拍了這部影片，授權給全部媒體，讓臺灣人知道除了體育賽事以外，技職也是有比賽的，讓臺灣更重視技職教育，讓大家知道其實不是只有念書、不是只有體育才可以發光發熱，學一技之長也是可以讓你自己和你家人覺得很驕傲的一件事情。

不曾後悔，堅持自我

大家都會覺得在男生很多的這種職場下，可能會有性別刻板印象，可是以我經驗來講，我沒有遇到這樣的問題，他們反而會好奇說：妳為什麼要想要讀這個？為什麼一個女生要做這種會讓別人覺得髒髒的工作？妳沒辦法去做指甲，因為指甲碰到溶劑就不見了。打扮得漂漂亮亮不是很好嗎？然後我說：「誰說女生一定要打扮得漂漂亮亮？誰說女生不可以做這個？男生不是也可以做護理師嗎？」所以說在性別刻板印象我是沒有遇到太多，大家都很友善，只是會好奇，因為沒有遇過。

我認為不能用性別去判斷這個人能不能做到，應該是看這個人想不想去做，不能因為性別的關係去判斷一個人是不是能做或不能做。這個專業帶給我很多成就感。從一開始可能什麼都不會就要去比賽的時候，直到做很多作品出來，這時候就是開始在建立成就感。我之前在做汽車修護的時候是看不到成品的，可是噴漆不一

• 2019年國際技能競賽獲得汽車噴漆領域金牌

樣，做完之後可以看到很明顯的差異，就可以開始慢慢累積自己的成就感。

技職教育需要被重視、被看見

有人認為這個產業會被機器人取代，但我覺得汽車噴漆要被機器人取代，可能還有一大段時間，我們的漆經過風吹日曬雨淋後會變色，雖然有一種儀器叫做「測色儀」，可是打出來的顏色和我們眼睛看到的顏色其實會有落差，我們除了有噴漆師父，還有專門調漆的師父，他們會先用測色儀先打，再用噴漆，然後看看跟剛剛的差了多少，再去做微調，機器還沒有辦法做到直接噴塗的部分，還是需要人工去調整這些顏色，所以要被機器人取代我覺得目前還不太可能。因為顏色是很主觀東西，每個人看到顏色都不太一樣，所以這個還有點困難。

● 與師父宇倫（左）合照

目前更需要關注的問題是，噴漆這項行業有很嚴重的世代落差，我們公司可以叫「師父」的都已經四十歲了，中間就只剩下實習生而已，不只是噴漆這樣，包括其他的很多產業也是，所以我才會想要讓更多人知道技職教育到底在做什麼，讓更多人投入這個產業，不要讓整個產業有斷層。

學生回饋
FEEDBACK

邱申子晴

醫技系．一年級

在號稱技職奧運的國際技能競賽中奪得汽車噴漆類金牌的楊婷喻一炮而紅，不僅為臺灣爭光，也讓技職項目受到更多人關注。楊婷喻從小就知道自己不愛讀書，喜歡動手做的感覺，也因為如此才選擇就讀高職，慢慢走向汽車科的這條路上，大學進到了依德公司實習，毅然決然選擇了汽車噴漆類，很幸運地剛好有技職比賽、幸運地訓練場所在公司、幸運地剛好被經理找去當選手，各種天時地利人和的狀況下造就了今天的她，故事聽起來順遂，但我明白，「機會永遠是留給準備好的人」，因為她每天辛勤地練習，對於不懂的東西總是打破砂鍋問到底，才能在機會來臨時好好把握。

楊婷喻以前也想過當服務生，去念觀光科或護理系等等，就像其他大部分高職生，但在父親的遠見下，接觸了汽車，雖然性別是女性，但卻不輸其他男生，甚至有比他們更細心的優勢，特別適合汽車噴漆，我覺得她的父親很開明，不會限制女兒的興趣，反而鼓勵她，也會替她思考未來的發展，有了家人支持，讓楊婷喻能順利學習。

從演講中可以看出楊婷喻大剌剌、不會在意他人眼光的個性，這性格在學習新事物上能夠快速吸收，積極地尋求指導，有如此正面的學習動機，才能有如今的成就。楊婷喻是個在平凡不過的一般人，在比賽之前從沒想過自己會拿下金牌，只知道好好做喜歡的事罷了，一直很敬佩也羨慕找到自己喜歡的事跟目標，並且朝那方向努力的人，我常常因為現實面就猶豫不前，導致到現在還不太知道自己的興趣，期許自己現在能勇敢多去嘗試不同東西，摸索自己的愛好，楊老師讓我知道即便在冷門的興趣，也是有那方面的一片天，更不用去擔心性別刻板印象的問題。

楊婷喻介紹了汽車噴漆的技職項目，對大部分人來說是個很新鮮的東西，而她也提到，其實當今社會對於性別也沒那麼歧視了，社會輿論不會去批評她的興趣，大多人只會抱持好奇心態，這可說是性別教育正確觀念的一個里程碑，但我想，真正的平等應該是沒有感到任何一絲疑問，也不會去驚訝，根深柢固的自然反應才是。

很喜歡表現大方的楊婷喻，她本人比照片陽光漂亮很多，聽她驕傲地講述臺灣技職比賽的輝煌，說著比賽期間關於臺灣國旗、開幕進場唱國家名的小插曲，可以感受到她用努力的汗水，真真實實地為國爭光，讓更多人知道她的專業，更多人可以有機會去從事汽車噴漆，解決世代斷層的問題。

華立企業、華宏新技、長華塑膠等
公司董事長暨集團總裁

張瑞欽

半導體、光電及資通訊產業關鍵材料通路大廠「華立企業」，張瑞欽創辦人暨董事長，被譽為「代理材料起家的一代商業傳奇」，帶領華立走過半個世紀，不僅為臺灣引進新技術、新材料、新設備，也是臺灣科技產業發展的重要推手。經營版圖橫跨兩岸、東南亞、東北亞及歐美等地。

張瑞欽曾任成大創投創始人暨歷任四屆董事長、國際扶輪三五一〇地區總監、台日國際扶輪親善會理事長、國際扶輪台灣總會理事長、國際扶輪台灣前總監協會會長。

張瑞欽・演講

走過八十個年頭，從傳統產業走向技術型產業

我是生於日治時代的人，我的家鄉位於南投，家裡從事碾米廠生意，在日治時代，碾米是需受管制的產業，所以整個南投只有三間碾米廠，其中有兩間是我們家的。農民生產的稻米不能自己擁有，是以牛車送到我家，碾成米後，輸出到日本。

我父親總共有六個兄弟，他排行老二，負責碾米廠的管理，父親都會督促我預習課程，那時我的依賴性明顯很高，若沒有父親的指導，好像不會念書。

我在日治時期就讀小學的時候，開早會時由教務主任手持囑語，再由校長念出日本皇帝的囑語，接著唱日本國歌，並面向南方，播放日本海軍軍歌，祝福日本海軍能夠勝利。在那個時期，日本進行訊息的控管，所以我們聽到跟看到的都是日本擊沉多少美國軍艦、擊落多少飛機，但是對於日本有多少損失，卻從來也不曾聽他們提起過，資訊相當封閉。也因為如此，我們當時就一直覺得日本兵力強盛，美國的軍隊實力都不怎麼樣。

民國三十四年，我的父親得到了惡性瘧疾，該疾病使用奎寧就可以醫治好，但我的父親太善良，早已把家裡僅存的奎寧送給別人，自己發病時，就因為沒有奎寧

可以服用，而不幸過世，當時他差不多三十四歲，我只有十一歲。

之後，中國便開始接管臺灣。首先來到臺灣接收的官員，他們大概都是從福建過來，可以講臺灣話。那段時期，發生通貨膨脹，我們家在賣樹薯粉，本來都是用現金買賣，因臺幣一直貶值，就到銀行用手推車去推舊臺幣來發放。

那時也發生所謂二二八事件，當時年紀很小，聽到好幾個中學生用日語廣播，告訴大家發生什麼事，長大之後，才知道原來那就是二二八事件。

光復以後，我到臺中就讀臺中二中，南投到臺中還沒有縱貫線火車，就是搭乘糖廠的小火車，從南投到臺中大概要兩個小時，一大早五點鐘就得起床，到了臺中再徒步半小時才抵達臺中二中上學，非常辛苦。考高中時，我的成績本來是可以直升臺中二中，但我考慮換校學習，後來就考上臺中一中就讀。

當我高中三年級時，比較有名的教授都被建中、北一女中挖角過去，所以我們臺中一中的學生大概都是自己學習摸索，該怎麼讀物理跟化學。後來進行第一次全國聯考，因為當時聯考是不分系，只有分學校，成績出爐讓我前往成大求學。

求學階段和社會經驗，開拓了後續的創業之路

帶著興奮的心情到成大註冊，看到每個學生人手都抱著一堆厚厚的原文書，因當時成大跟美國的大學建教合作，那時候的教科書都跟普渡大學同步，像普渡用的化學叢書是哈佛大學教授Fisher所著作的教科書，我們也使用同一本書籍在學習。

• 於中油任職十年習得珍貴的經驗與技術

在成大除了主修以外，我選修很多課程，包括當時最紅的合成纖維還有造紙工程、發酵化學、煉油工程，我覺得在學校可以學習到這些不同的課程，能夠增加很多視野。好比說發酵化學，那時候請台糖試驗所發酵系的白主任來開一年的課，知道細菌如何分成陰性、陽性，怎麼去培養及細分，像發酵化學要做成酒精，或者是做成味精，就該了解如何去培養細菌，選擇更適當的細菌，讓產品純度更高，可以獲得更好的收益。

當時我剛畢業，不知要從事哪個產業，就請發酵化學系的主任讓我到糖業試驗所就職，也就是在臺南生產路的糖業試驗所擔任臨時研究員，一個月薪水八百元。那時台糖的甘蔗渣，被做成隔間板，而我的研究工作就是如何利用鳳梨纖維，因當時台糖在臺東有一座很大的鳳梨農場，我就到臺東使用機器將纖維取出，再與紡織廠合作，想用鳳梨纖維製作出像菲律賓官方穿著的禮服原料。

在台糖試驗所擔任八個月的臨時研究員之後，經由客座教授的介紹報考進入中油高雄煉油廠，在煉油廠工作對化工系的學生來講很有幫助，把在學校所學的課程實際應用到操作面。在煉油廠裡，我們可以學習並體驗實際的操作及建立人脈，同時也懂得如何指導工人和處理人事管理，因此在煉油廠期間，讓我學習到很多寶貴的經驗與技術。

在煉油廠大約工作十年之後，發現要在這個龐大體系中一路往上爬相當不容易，想想自己出身於一個商業家庭，有商業DNA也想創業，因此辭去在煉油廠穩定的工作。

從削價競爭，走向提供技術服務的產業

離開高雄煉油廠後要做什麼，是很重要的議題，念化工的總是希望自己開工廠，但是設立工廠需要很大的資金還有技術，因此當時決定就先從代理商開始，代理就是我代理這個產品，從中收取費用，如此一來就不需要龐大資金。我的同班同學林知海是在日本公司工作，他居中牽線將一個日本商社即長瀨產業（株）介紹給我，因為要做代理商的買賣，如果沒有通路商社來幫忙，根本不知要從何開始起步。

我們一開始做的是化學品的買賣，但努力一陣子之後覺得利潤微薄，化學品總是以價格來做競爭，如果品質都差不多，誰會想買比較貴的？後來深入思考，如果善加運用在化工系所學的專門知識，走向技術服務的行業，好像也不失為一個不錯的選擇。

所以我決定從新的材料發展，當時有一個複合材料叫FRP（玻璃纖維強化塑膠），剛好在淡水的遊艇廠，他們需要玻璃纖維以及樹脂，就透過關係找到日本玻璃纖維的供應商Asahi Fiber glass與日本觸媒的樹脂，銷售給遊艇工廠。我們除了供應材料外，也提供技術服務，譬如為了讓遊艇的表面看起來很光滑，則需將樹脂與硬化劑配合得當，不然一不小心就會產生像鱷魚皮表面的皺紋。因為當時遊艇漁船的工作人員對新材料大都不熟悉，我就以過往的經驗親自指導他們如何調配及使用，用技術服務建立起FRP產業，後續一路延伸到提供碳纖維做釣魚竿或高爾夫球桿等等。

另外我們也開始走進漁船產業，在過去，漁船都是木造船為主，剛開始漁民們不肯用FRP，我們就一點一滴地慢慢導入，從漁船裡面的油桶開始使用FRP，先在三夾板上面塗上玻璃纖維，建立信心獲得認證後，才把木造船都改成FRP，在此期間，曾邀請東京大學的竹鼻教授來臺指導FRP造船技術，以建立臺灣的漁船工業。

常常碰到有人問我，從台糖、煉油廠受僱於人，到後來自行創業成立華立集團，也就是從身為受僱者到成為管理階層，甚至是董事長，心態上有什麼變化？除了身分改變，及內心多了份成就感，卻始終沒有忘記擔任職員時的心境與曾經面臨的困境。因此當我身為經營者時，公司的利潤就分三部分，公司保留三分之一、分享給員工三分之一、股東同樣是三分之一，也許是因為這樣，華立員工的流動率很低，很多都在職超過三十年，也有人繼續待到成為華立的股東，這一切可能就是因為我也是普通職員出身，所以心中一直都有想好好照顧員工的想法。

• 1968年創立華立企業（右一右二為張瑞欽夫婦）

• 1970年代逐步建立臺灣遊艇王國（右二為張瑞欽）

• 前往日本拜訪供應商旭化成（左三為張瑞欽）

與奇異合作，受益良多

回顧一九七〇年代，那時正值電視機業興起年代，臺灣開始做黑白電視機，裡面的部分零組件由原來的五金改成現在的工程塑膠，所謂的工程塑膠需要耐熱一百度以上，而且還不會燃燒。經過日本公司的介紹找到奇異的工程塑膠，奇異在這方面是世界有名的公司，華立便開始進口這些塑膠原料。

一開始就碰到一個大問題，一般只知道PE、PP的成型，對工程塑膠沒有概念，我們就邀請美國奇異公司技術人員來到臺灣，指導大家如何設計塑膠成型模具以及成型技術，逐步將這個工業建立起來，華立對於臺灣3C所需要的工程塑膠產業的貢獻功不可沒。

除此之外，也需要印刷電路板，同樣引進日本印刷電路板的材料，以及技術指導。到了一九八〇年代，臺灣開始有半導體產業，剛開始我發現飛利浦是買進國外的晶片，在臺灣做後段封裝，我就抓緊機會，向他們介紹封裝的材料。到了一九八〇末期，臺灣要開始發展半導體前段晶圓製造的領域，當時在工研院的電子所設立一間小型工廠，後來把它放大六倍，就成為臺灣第一家晶圓製造公司——聯電。

與台積電完美配合，使半導體蓬勃發展

在聯電發展起來後，政府籌資一百億蓋一間代工廠，台積電因而誕生，在那時候半導體是每四年有一個景氣循環，剛好碰到低檔，結果原始有意願投資的石化工

業老闆都收手沒有出資，後來由政府及飛利浦持續投資，在台積電成功以後，飛利浦因此獲利豐碩，華立也更積極地投入半導體產業的發展。

現在臺灣的半導體產業已在全球舉足輕重，一路從七奈米、五奈米、三奈米製程挺進，新製程也都需要新材料，華立都在跟原廠及客戶共同開發所需的材料，一起供應這些關鍵材料，攜手壯大臺灣半導體在世界的影響力。

不斷開發新技術，就可以持續經營下去

至於在開發產品的時候，會遇到什麼困難？華立從創立以來，也許是做出正確的選擇，從剛開始化學品沒什麼利潤，於是轉而走向技術服務的材料開發、供應新材料，一路走來相當順利，但也曾在過程中，碰到一些難題，像是很容易有代理權被取消的問題。比方說，半導體裡面的CVD製程，美國這間原廠轉換經營者後，新的買主不願意有代理商、要直售，這條製程也就斷了，為了這件事，我大概花了一年才從別的產品把它補足。

深刻體會代理權被取消很容易喪失營業

• 1996年攜手供應商參與台灣國際半導體展（左一為張瑞欽）

額，所以在二〇〇〇年時決定要創立屬於自己的製造業，在竹北我們設立了悠立半導體，從事於晶片Solder Bonding的新一代封裝製程，因為我們投資比較早，結果不到兩、三年，資金都燒光了。那時候有一家美國公司需要這個製程，我們就高價出售，此技術到現在仍被日月光、矽品所用，他們延續這個技術，走向新的封裝模式。

現今臺灣的半導體產業越來越熱門，相較之下傳統產業，變得沒有那麼熱門，尤其臺灣傳統產業沒有原物料與大量製造的優勢，對於未來臺灣的傳統產業發展，我認為需要兩個字——創新。

比如當時我們研究合成纖維，聚酯纖維的原料原本是由美國大廠生產，臺灣為就地取材，在林園工業區設立PAT原料廠，但後來中國興建的廠房規模都很大，國外的PAT工廠差不多都陸續倒閉。後來臺灣的紡織產業走向高級化，很多運動衣的品牌，例如Nike所使用的布料都是臺灣來的。現在布料開發比較重視吸濕性，合成纖維吸濕性比天然棉還要好，走向高規格及專業化的臺灣紡織業目前看起來還不錯。

此外高雄的台灣水泥現在沒有繼續發展了，但台泥的股票仍舊維持在四十多塊，為什麼？因為他發展出新的技術，過去的水泥廠都被灰塵所籠罩，現在台泥生產的水泥是在地下生產，根本看不到灰塵，所以台泥仍在進行創新技術。因此，臺灣的傳統產業要看經營者如何去創新，並不是完全沒有出路。

疫情之後，走向研發之路

我們也曾在竹南科學園區設立被動式OLED的工廠，一樣設立得比較早，當時還有五、六家也在投資OLED的生產，但是市場並沒有很快跟上來，花了很長的時間，資金也差不多被用盡，後來有美國企業進來，我們就賣給對方再轉至智晶光電，目前這家公司的營運相當好。

以上這些皆為五、六十年來的發展過程，但現在比較炙手可熱的行業，像是AIOT、工業4.0智慧製造、量子電腦，還有雲端計算與資料中心，我認為創業會隨著時代背景的不同而有所改變。在我的年代，新材料產業很好發展，但現在整個產業走向都不一樣，年輕人該怎麼闖出自己的一片天？我認為，可以走向研發的工作。例如現在疫情時期，如果開發出一個試劑，或是疫苗這類產品，並跟你的夥伴創造一個生化的產業，我想這是有機會的。其實還有另一個方法，可以看看產業裡面哪一家廠商市占率較高，就可以在這個領域裡面先學習，再找機會取得代理權，一旦代理做大，就可以慢慢地擴展。

回過頭看華立，透過代理商的方式進去產業當中，代理商不需要很大的資本，自己用技術跟勞力賺錢，再把規模放大。但是要切入像AIOT這個產業就頗有難度，以聯發科來說有好幾千人在做研發，若要進入，要扮演什麼角色，我覺得是相當困難的。不過，我也思考過，並得出一個可行的方法，好比說現在疫情流行期間，大家都需要視訊會議，有間公司在這塊就相當知名，那就是Zoom，它的創辦人是一位山東留學生，在美國學習軟體後，並在當地一間公司工作十年，爾後創辦Zoom，他是自己創業，自己開發出這項產品，但是我們在臺灣該怎麼做？可以試著做Zoom的代理，或許這是有興趣創業的人可以考慮的方向。

出國一定好嗎？

現在有越來越多理工科的學生來問我：「到底要不要出國讀研究所？」若要我說從國外讀書回來的學生和國內升學的學生有什麼差別，依我過去求學的經驗來看，我們班上大概有一半出國，一半留在臺灣，當時大部分的人都是致力於學術方面的研究，若出國，你的研究成果也只是拿到專利保護，但是當時留在臺灣的人，很多都是自己創業，因為臺灣有不少機會。所以我認為，留在臺灣會比較好，在國外的話，光是生活開支，就會讓你感到負擔很大，生活會變得很辛苦，在臺灣好好發展還是比較有機會的。

如果不出國，又要怎麼獲得科技新知識，不至於落於人後？基本上要進入這個行業必須具備基本的知識，我個人覺得Google搜尋引擎非常好用，像現在討論的5G話題，你只要上Google找，就會出現需要哪些材料，你要是不知道這間公司，也是可以透過搜尋引擎得知，不像以前的年代，一定得參加展示會，也需要去聆聽業界的演講，了解趨勢是什麼、需要什麼材料，都要親自去建立關係，現在知識流通非常快，Google真的是個很好的平臺。

我也明白目前中國發展越來越好，有很多年輕人一窩蜂衝去那裡，對於中國的整體環境，我認為他們發展得很快。一九九六年，我以中華強化塑膠協會理事長的身分組團到哈爾濱、杭州和北京考察，當時中國給我的感覺很落後，他們做出來的成品根本不像一個商品，但是沒過幾年，他們發展得很快，像有一家公司是做綠能發電，當時趨勢要走向太陽能發展，他們就開始生產太陽能晶圓，請我們協助打開市場，第一年三千噸，第二年六千噸，然後一下子就變成十萬噸，搖身一變，成為世界最大的供應商。這個發展的過程裡，他們得到了中央的挹注，有中國政府持續不斷地支援，所以資金方面沒有問題，而技術都是從臺灣挖角過去的，像很多工程師甚至還有總經理都被他們挖走，憑的是什麼？因為他們可以開高薪挖走臺灣人才，假設你在臺灣薪水一萬塊，他們也同樣給你一萬塊，只不過是人民幣一萬塊。一下就變成了四萬多，誰不心動？所以很多人才都被挖角過去，但該怎麼選擇呢？若利弊得失都考慮過，這一切還是操之在己。

在新的產業下，我們要學著走出自己的人生，仍在學校讀書的學子們，也要試著做一個通才，就像我也只是用自己學到的知識，建立代理商並走向通路，所以在學校就要好好學習不同領域的知識。在職場就是學習怎麼樣能把事情做好，客戶的成功就是我們的成就，學習以客戶的立場為主，讓他們信任我們，成為密不可分的夥伴，這對於企業與個人職涯的經營都至關重要。

學生回饋 FEEDBACK

祝清郁

電機系 ■ 四年級

有人問講師：「是否曾經在創業的時候有遭遇過困難？」想不到講者的回答卻是：「沒有，而且公司到現在還都沒虧損。」這句話令我印象深刻，畢竟創業這件事要沒有困難幾乎是不可能的。我想講者能夠這樣一路順遂都要歸功於他的慧眼及對市場的判斷能力。一九七〇年代，觀察整個市場的需求，選擇了當時新穎的複合材料FRP（玻璃纖維強化塑膠），奠定了華立在產業界中的地位。之後更因為講師董事長的判斷，投入半導體產業從而協助了臺灣半導體產業的發展，不僅造福社會人群更使得臺灣經濟突飛猛進。

講師家從前在日治時期時是在做碾米廠的，在南投富甲一方，然而歷經了父親的逝世及土地被三七五減租後，家裡一落千丈，除了每天早上五點都要準時搭車從南投到臺中讀書以外，還要回家幫忙做農事補貼家用。雖然講師口頭上說創業沒有困難，但我想是因為他已經歷經了很多挫折及艱苦，從中學習到了很多待人處事的道理，才能說出這番話吧！

講師說因為自己從小生活在做生意的環境中，因此對於做生意很有興趣。原本大學畢業後考上了穩定的中油公職，但在做了一陣子後便毅然決然的離職，對於我這種很喜歡穩定的人來說，會覺得不可思議。當前的社會中常常有很多人提倡創業，弄得好像不去創業的人就是失敗者一樣，但講師說了一句話，我覺得很感動，他說：「每個人不一樣，像他的弟弟就喜歡做研究，不喜歡創業，即使他們家裡本來是在做生意的，依照自己的個性做就好。」總覺得讓我比較有信心了。

雖然講師在中油的工作時間不長，但因為去實際工作過，將所學及實務相結合，成為未來創業華立的基石。華立的專業及服務做得很好，深受客戶的喜愛，從而建立的良好的品牌形象，也成為臺灣重要的產業鏈之一。聽了董事長的故事，讓我想到人生的路真的沒有白走的路，像是董事長因為中油的工作而對於理論及實務的理解更加透徹，也因此能夠有更遠見的看法應用在華立上面。

YouTuber 影音部落客
JR Lee

JR Lee曾任ICRT國際社區廣播電台主持人、環宇廣播電台主持人、P&G寶僑家品股份有限公司業務，現為一名YouTuber，在網路上創作「正能量」的中文、英文影片。著有《JR Lee正能量英文》一書。

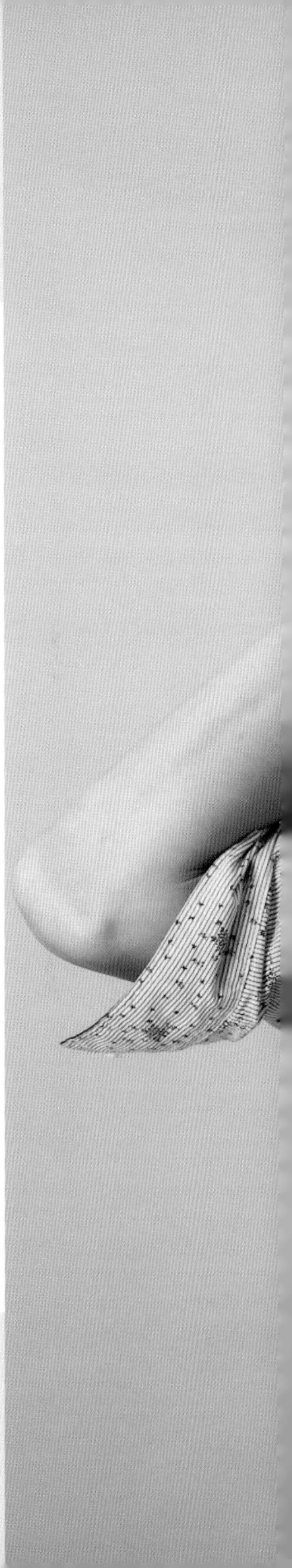

JR Lee・演講

因為我世界變得更好，一個菜鳥YouTuber的異想世界

iPhone的發明者Steve Jobs在一九七六年創立自己的公司，他當時參加了一個社團叫「電腦組裝社」，就跟幾個同學在車庫組裝電腦，受到其他人歡迎便開始販售，短短的七年時間，在一九八三年，就已經成為一個獲利好幾千萬的上市公司，是非常不可思議的事情。

那個時候賈伯斯才二十八歲，他面對的最大挑戰是什麼？是需要一個專業的執行長來幫忙營運這家公司。最後找上了百事可樂——而非市占率最高的可口可樂，因為當時的百事可樂CEO約翰．史考利善於行銷，進行現在YouTuber很常做的「盲測」，讓百事可樂的業績蒸蒸日上。

賈伯斯該如何讓事業有成的史考利跳槽呢？「你要下半輩子在這賣糖水，還是要跟著我一起改變世界？」因為賈伯斯的一句話，史考利跟隨賈伯斯來到蘋果。很有野心抱負的年輕人，加上馳騁沙場多年的CEO，想必會有好結果吧？結果並不然。

後來賈伯斯被踢出自己公司，過了好幾年才回到蘋果，就是因為跟史考利在經

營理念上意見不合，間接導致董事會對賈伯斯不信任，因而把他開除。多年後賈伯斯始終記得這件事，也一直覺得史考利是始作俑者，甚至在訪問中稱：這輩子做過最錯誤的決定，就是邀請了史考利來蘋果。

我的夢想是讓大家因為我變得更好

每次看到這個故事，就會想到大二時候的我，當時我心中已經有一個夢想，希望這個世界，可以因為我或多或少變得更美好一點。這個夢想是從很小的地方發生醞釀，一開始是因為我的爸媽，我發現只要我爸媽開心，我就會很開心，希望因為我的存在而讓他們的關係能更好一點。

但到了大三，這個想法已經逐漸無法滿足我，不只我爸媽，我也希望我身邊的朋友都能因為我變得更好，欲望隨著年紀增長而膨脹，直到我希望那些素昧平生的人，都能因為我變得更好一點。雖然我沒有像賈伯斯的天賦才華可以改變世界，但這股信念始終在我心裡沒有消失。

大學畢業之後，我找了不錯的工作，進到全世界最大的民生消費品公司P&G做了兩年，薪水很好但我卻感到十分空虛，感覺距離自己的夢想很遙遠。我捫心自問：「十年後你還想待在這家公司嗎？」看著我的主管無論平日、假日都在加班，薪水是我的三倍，但那真的是我想的嗎？所以我就毅然決然辭職了。

父母非常不諒解我的決定，認為我放棄了有頭有臉的穩定工作。離職後的一年間，我也陸續收到各種工作邀約，但我全部拒絕了。因為我覺得繼續在商場打滾並不能讓我達成夢想。接著整整十八個月，是我人生中最低潮的階段，我不知道該如何做才能讓世界因為我變得更好。直到我聽到ICRT電台一位我很喜歡的DJ，宣傳的一段徵才廣告：「如果你覺得你的聲音不錯的話，趕快把你的履歷拿到ICRT，因為你有可能就是下一位DJ。」

此時我心想，如果我成為DJ的話，我所說的每句話，同時會有成千上萬人聽到，那我是不是距離改變世界又更近了一點呢？即使朋友家人都認為我太過天真，我還是勇敢投了履歷跟demo帶。幾個月後，我終於收到回音、邀請我面試，又等了好幾週，我才終於拿到進入ICRT的入場券。

在ICRT的廣播工作，是我的職涯中最快樂的時光，不僅工作時間比較短，也能學習到很多東西，因為採訪的關係接觸到很多人。待了四年左右，到VoiceTube主持一個YouTube小節目大概一年，後來我又返回廣播圈大概半年。

這段輾轉經歷讓我開始思考廣播產業的未來趨勢和生涯規劃，大環境在走下坡的時候，人一定要跟著改變，不然就只會被產業的洪流埋沒。所以我決定離開廣播圈，開始經營自媒體，大概從二〇一七年開始，至今累積了大概五十六萬的訂閱人數。

從傳統電台廣播到經營頻道成為自媒體

成為YouTuber之後，我的生活型態有了很大的改變。舉例來說，過去在主流媒體工作，是我們要去訪問一些名人、藝人；雖然我不認為自己很紅，但成為自媒體、開始有一點流量之後，便有人注意到我們，二〇一八年時，獲邀參加Google舉辦的記者會——他們找了各大新聞媒體、當時崛起中的知識型YouTuber齊聚一堂。

YouTuber到底賺不賺錢？這是大家都很關心的議題。當然有賺大錢的，也有窮到脫褲子的。我的頻道目前五十六萬人訂閱，第一年的頻道分潤約三千五百八十八美金，一個月平均下來只有九千塊臺幣；第二年進步一點，當時大概三十四萬人訂閱，一年賺了九千三百八十八美金，一個月大概二萬四千元臺幣。當然到目前為止呈現穩定進步，但必須坦言，多數的YouTuber絕對不可能只靠YouTube分潤。

當頻道收入不足以養活自己的時候，一定會發展出其他經濟模式，其中一項叫作「訂閱集資」，現在YouTube也有這個功能，可以透過會員制度，讓創作者取得更多分潤。另外當然就是大家都熟悉的「業配」。

在我的頻道，我只接跟我的定位一致的業配。因為想改變世界、我的創作內容是主打正能量，所以我所做的影片都是在這個基礎上發展。這類型的業配其實不好接，很多慈善機構找上門，但預算或費用可能也不高。對我來說很為難，因為這是我的工作，除了養活我自己，也得養活攝影師跟其他工作人員。

然而，另方面我也很高興有廠商願意支持我的信念，像是趨勢科技的業配，就是講打電動對人的影響；關島觀光局找我推廣正能量旅遊；Google舉辦的身心健康論壇，邀請我們到泰國蘇美島討論科技對於人心理健康的影響等。

最特別的是「愛女孩Love Binti」資助非洲女孩的計畫，在非洲有非常多女孩子因為經濟因素、無法購買衛生用品而輟學，失去再回到學校接受教育的機會。這是非常有意義的計畫，因此我欣然接受合作邀約。

我要強調的是，業配對創作者來說已經是勢不可擋的事情，所以更要思考「頻道定位」到底是什麼。從事任何行業都一樣，你的個人、事業定位是什麼？你所推出的服務、產品定位是什麼？一旦超出你的定位，就是品牌步入衰亡的時候。這是非常重要的事情。

「如何規劃人生？」只需記住三個重點

我的夢想是改變世界、讓世界變得更美好，我從商學院畢業時就已經料到我會到P&G工作，但從來沒有想過自己會投入廣播圈、成為YouTuber。許多大學生都會面臨這個問題：如何規劃人生？大家只要記得三個重點就可以了：設定目標、創造價值、制定計畫。

我很喜歡《與成功有約：高效能人士的七個習慣》這本書，全球許多知名企業都拿這本書當員工的教育教材，過去我在P&G工作時，也要上這位作者的課。作者提到的其中一個習慣叫做「以終為始」，舉例來說，我從新竹來到臺南演講，早上十點半必須抵達，所以我必須搭乘九點多的高鐵，再往回推算我從家裡出門的時間，我最晚必須在八點五十五分踏出家門才能來得及。

因為我有明確的目的地、目標，所以我可以很明確地推斷出發時間。規劃人生的時候也是一樣的道理，如果能先釐清目的地在哪，從今天開始我所走的每一步，都只帶我朝向最後的目的地。

大學時，我身邊的同學很熱中考證照，財經的、股票的證照，我卻一張都不想考，即使大家一直奉勸我有了證照有助於就業，但我已經確認我的目標了，那是一條我不會走的路，我為什麼要去考呢？我的所有就業都是靠筆試、面試完成的。當我們有明確的目的地，如同使用Google Maps一般，你的人生路徑就會很清楚；當你的目的地不清楚的時候，你的人生可能會亂七八糟。

如果因為他人的建議、眼光而感到徬徨，請思考：誰會為你的人生負責？我們可以聽很多人的意見，但最後的決定都是自己要負責，所以我乾脆按照我的想法、我的心意去做，成功的榮耀也是歸於自己。如果能建立這樣的思維，你的心理建設就會變得強大。

另外一本叫做《記事本圓夢計畫》的書裡提到，成功人士都有兩個共通點，第一個是目標很明確，第二個則是會將目標寫下來，或用嘴巴講出來，讓目標進到潛意識中。所以我看完這本書之後，就效法作者把目標寫在筆記本裡，然後將筆記本帶在身上，一旦有靈感就隨時記錄，透過視覺反覆提醒自己「這是我的目標」。聽說早年的賈伯斯也是這樣，每天早上都會問自己：「我今天做的事情是不是我真的想做的。」如果連續三天答案都是否定的話，他就知道必須做出改變。

該如何找到自己的目標呢？先花兩分鐘的時間，快速寫下一到三個你的夢想，我到很多地方演講過，多數的聽眾都會寫下環遊世界、賺大錢或事業有成等等，大家的答案大同小異。

企業家李開復曾在雜誌訪談時說：「人生的目標不需要多，你願意刻在墓碑上的那個就是了。」有一個知名的心理測驗，要受試者試想，當有一天自己不在人世了，你希望後代子孫看到的墓碑上面，刻著怎麼樣的字句呢？也就是說你希望你的後代如何紀念自己呢？以法國著名哲學家盧梭為例，他的墓誌銘寫著：「這裡躺著一個熱愛真理與大自然的人。」

接著思考第二個問題：你想成為怎樣的人呢？你希望你死後人們怎麼紀念自己呢？當我提出這個問題時，我得到了很多不一樣的答案。有人希望成為帶給別人益處的人、有人想讓臺灣變成更好的地方。

從小到大我們一定都被問過這個問題：「你長大後要做什麼？」但我的外國朋友這樣問我：「Don't ask what you want to be, do who you want to be?」（不要問你長大想做什麼，而要問你想成為什麼樣的人。）問「人生夢想」的時候，大家都會洋洋灑灑地寫下跟職業有關的答案，可能是專長，可能是興趣；但當我問「想成為怎樣的人」時，那個答案才是你的核心價值。設定目標要由內而外，你所嚮往的一切目標，都應該建立在核心價值之上。

所以再問自己一次，你的夢想是什麼？想成為怎樣的人？要成為這個「我」，可以透過哪些職業來成就？

運用所學，創造價值

第一步「設定目標」完成後，接著是「創造價值」。我曾經到一所高中演講，有位同學的夢想是成為NBA球員，我反問他：「你一天練球多久？有三小時以上嗎？」答案是否定的。我便殘酷地回他：「你這樣連打SBL都很困難。」這是很現實的問題，人人都可以有很遠大的夢想，但卻不是每個人都能創造足夠價值來支撐夢想。夢想可以很遠大，實際行動也要跟得上才行。

我認為一個人的價值可以分成兩個層次，一個是智慧上的，一個是知識上的。我曾聽過一場演講，他問大家：「你覺得人生最大的資產是什麼？」每個人的答案都不一樣，而他的答案是「你的個性」。因為個性就像影子，與我們本身形影不離。樂觀的人永遠跟著一個為自己打氣、鼓掌的朋友；悲觀的個性則像是有人一直在旁「漏氣」；脾氣暴躁的人生氣前，往往是先傷害到自己。

個性並不會隨著年齡增長而變好，如果是這樣，每一個老人家都是聖人了，不是嗎？智慧也是需要刻意造就的，所以該如何形塑自己的人格和思維，這是學校裡不會教的事情，是需要我們思考的。

第二個層次是「知識」，知識是可以靠學校教育習得的。我在大學時曾遇到一位老師，是業界的前輩，他因大家上課不專心而生氣，訓斥我們：「你們不要覺得學校的知識沒有用，而是你們不會用。」一開始覺得這句話有點傷人，出了社會之後才懂他說得沒錯。

大二時我到遠東銀行實習，每天處理開戶、換存摺，老實說對我來說有點無聊，所以我就自己找事情做，開始透過來賓指示燈來統計來客數，每一小時記錄一次，持續了一個月，再透過當時在學校學到的「常態分布圖」，我發現一個明確但驚人的事實。

我找了經理分享我的發現，他也允許我在朝會時跟大家報告，銀行對外營業時間是八點半到下午三點半，不過行員必須結算帳戶到晚上六、七點，在我的統計中，下午兩點到三點半是非常冷門的來客時段，如果五個窗口全開的話，只是在浪費人力，不如重新分配，讓部分行員先開始結算。

實習結束過了大概兩週，我回去銀行拜訪，果真在冷門時段只安排了一個對外服務窗口，好奇詢問我的建議是否影響到大家的業務，沒想到大家平均的下班時間都提早了一小時！雖然只是短暫的暑假實習，卻為公司帶來很大的價值。

重點來了，如果當時我在學校不認真學習，我根本沒辦法回饋給公司。所以當你想要回饋社會、為世界帶來價值之前，得先為自己創造價值。我必須坦白說，踏出學校、出社會後，想要學習是很困難的，因為幾乎沒有時間可以學習。我以前光是上班時間就是十四個小時，回家之後就是洗澡睡覺，然後第二天又要上班，所以幾年下來真的覺得很空虛。

即使我現在成為YouTuber，當時在商學院學到的東西還是對我有很大的幫助，例如簡報、表達的能力，例如跟客戶談判磨練出來的溝通能力，都在在影響著我的思維和生活。

如願以償的「人生計畫表」

大學四年幾乎是人生當中的精華，無論在形塑個性或是累積知識，都是一段重要的時期。我在二十三歲時參考《記事本圓夢計畫》寫了一份人生計畫表，它成為我現在見證自己的最佳證據。因為我覺得四十歲之後轉換跑道相對困難，所以我的計畫表是從二十四歲列到四十歲，分別有三個欄位：要做到什麼事、必須滿足的先決條件（該為自己創造什麼價值），以及我想做這件事情的原因動機（我的核心價值觀）。

誠如前面說的，我在製作人生計畫表時，是遵循「以終為始」的原則。我預設職涯的終點是四十歲，我想要成為怎樣的人、要做怎樣的事情？我一路往回推，四十歲的我想要寫書、想要到處演講；三十六歲時我除了成為行銷顧問外，也想當廣播DJ。神奇的是現在二十八歲的我，已經完成寫書跟演講的夢想了。

前面還說到，設定目標時要「由內而外」，所以不是先設定好「要做什麼事」，而是先思考自己的核心價值是什麼。我在四十歲的表格裡寫下「透過自己的知名度發揮影響力」，我想要變有名並不是為了名氣而已，而是希望能透過知名度去影響別人、把美好的人事物傳遞出去。

這就是我的核心價值——我想帶給人們更多美好。為了達成這個目標，我必須做什麼工作？工作變成只是達成目標的方法而已，工作本身並不是目標本身。所以我要成為自媒體、要寫書、要到處演講，都是為了成就我的核心價值。為了要完成這個目標，我必須建立良好聲譽、要有表達和文字能力，事實上我從大學開始就在培養我的語言、寫作和表達能力。

以上就是我規劃人生的三個重點：設定目標、創造價值、制定計畫。

學生回饋

高維君

生科系■一年級

每個人都曾規畫過自己的人生藍圖，也許是環遊世界、賺大錢這類人人都想完成的夢想，又或是考上理想的學校、找到理想的工作等，但是計畫總趕不上變化，未來這二字摻有太多的未知數，人生未必能照著自己所想走完全程，因此我很佩服JR Lee能這樣逐一完成他的人生計畫，想必他對自己的目標一定有著驚人的堅持，且也擁有過人的執行力。

高中時可以為了考大學而認真地讀一整天的書，努力地寫著一張又一張的模擬考卷，但上大學後考試好像只要有過就好，讀書也變得怠惰且缺乏衝勁，因為失去目標的緣故。不可否認對自己的人生有計畫，前進的步伐也會踏實許多，因為明確的知道終點線位於何處，路途中也不會躊躇不前，但要是終點那方只不過是海市蜃樓呢？轉系、轉行，身邊不乏有這樣的故事，這些人就像是達成目標後發現終點不過只是幻影，因而又下定決心轉換跑道，奔向另一個終點。JR Lee說生涯規劃的第一步是設定目標，其實每個人心裡都明白這點，但是萬一設錯了目標，白白浪費了時間走冤枉路呢？

我一直都有點像是走一步算一步在過生活的，把手上的事情做好，選擇相信如此也會走出屬於自己的一條路。我明白設定目標的重要性，也知道有了動機便會比較努力，然而，可能是對自己的了解過少，不知道究竟該設下怎樣的目標才能產生相當程度的動機，當然，也害怕設下了不符合自己興趣的目標。聽完了JR Lee的演講，我以另一個角度去思考了這件事情。

我想，JR Lee能對自己要走的路如此堅信，應該是因為他將目標建立在自己的核心價值上。他想「改變世界」，這是他想刻在墓誌銘上的話，是他堅定不移的信念，更是他的核心價值，因此JR Lee設定目標時會由核心價值出發，向外延伸至興趣、專長、擁有物等，制定人生計畫時也是由「改變世界」這個終點倒推回去，途中的小目標都是為了完成他最終的夢想，就算有些計畫並未被完成，或是做了計畫之外的工作，他最後還是到達了終點，成為了YouTuber，用自己的力量嘗試為這個世界帶來一些好的改變。因此，重要的是自己想成為怎麼樣的人，過程中就算繞了遠路也無妨，保有自己最重要的核心價值就好，不要害怕設下錯誤的目標，因為並沒有什麼目標會是錯誤的，人生路途上所走的每一步都是導向自己的最後終點線，也許是成為一個對社會有幫助的人，或是成為正義哥正義姐，像JR Lee所說的一樣，這些會是死後想留在墓誌銘上的文字，是一個人的人生中最珍貴且無法丟棄的信念。前往這個核心目標的路可能並非筆直，因為一些轉捩點而使路變得彎曲也沒關係，那並非是走錯了路，而是依然清楚最終的目的，始終在前進。

這次演講除了聽JR Lee分享生涯規劃的三步驟，也聽了他分享自己的人生小故事，雖然他的學歷似乎並不顯赫，但他卻從事過許多人人欣羨的工作，證明了人的能力並不被外在條件所限縮，而是端看自己是否努力去運用所學讓自己變得卓越。學歷真的只是其次，若讀到了大學還只會將知識用來考試還真的是浪費學費，必須將所學活用，才不枉活這大學四年。感謝JR Lee的演講，也感謝他在演講中所帶來的正面影響力，他以自己的方式實踐他改變世界的夢想，我也願自己可以自信地朝著終點線邁進，如越野賽一般，無論過程中有多少彎道、坡道還是障礙賽道，最後都將抵達終點線，尋得自己的核心價值，**Be who you want to be!**

城市浪人創辦人
二〇一七年「富比世三十歲以下亞洲最具潛力傑出人士」得主

張希慈

張希慈為教育創業者、文字工作者、情緒引導師，喜歡與人們建立深度關係後，透過各種創意的方案設計，讓人們可以感到幸福。大學畢業後創辦城市浪人，協助青年跨出舒適圈、探索自我、認識世界。二〇二〇年後，運用過去的社創經驗，投身於性別議題、高風險青少年、精神健康等全新領域，協助女性與孩童發展健康的利他生涯為己任。

現任好好星球文化基金會執行長、國際城市浪人育成協會創辦人兼理事長、風啟青少年賦歸協會理事、女人迷駐站作家。

張希慈 演講

想像十年後自己，勇敢開闊視野、追尋夢想

如果有一天你打開門發現，十年後的自己站在門外，那個人會長什麼樣子呢？現在的你是不是正在成為那個樣子的人的路上？這是我十年前問過自己的問題，我想這也是大多數人的問題。如果你不是在成為「十年後自己」的路上，那麼你去哪了？你現在在哪？為什麼你不在路上？你遇到什麼事情？遇到了什麼困難？

我是一個幸運的孩子，從小到大，我的父母只要求我好好讀書，在這樣的環境下，我的生理需求是被滿足的，回家不用擔心「我會沒飯吃？」「我是不是沒有地方住？」「我會不會沒有家可以回？」爸媽幫我解決了很多問題。我的人際關係、交友狀況也很順利，依照馬斯洛需求金字塔，最底下的生理、安全、社會需求，我都是被滿足的。

十年前的我還是高中生，當我問自己：「十年後的我長什麼樣子？」「現在的你正在前往那個『我』的路上了嗎？」我卻沒有答案，所以我開始花時間尋找。

「好」學生與「壞」學生

為了找到答案，我跟很多同學、朋友聊天，才逐漸發現大家成長軌跡的差異。我國中時第一個男朋友是全班成績最差的人，因為他的家庭背景、被老師貼上的「壞學生」標籤，卻莫名吸引著我，總覺得這個人懂得很多我不會的事情。

他必須課後打工、必須幫家人處理人際、經濟問題，所以並沒有辦法全心全意專心在課業上。可是學校、父母灌輸我的觀念都是：只有好好讀書才是好學生。明明我所見的、用心且拚命於生活的他們，也很認真不是嗎？這時我才察覺，臺灣的教育好像有一點歧視「沒有辦法」好好讀書的人。

「沒有辦法」不是代表資質不如人或不夠努力，像我當時的男友，是因為要上夜班打工，所以只能白天睡覺，而我的家庭、我的經濟狀況不需要我去打工。我在國中時開始意識到「階級」，也開始好奇臺灣的教育存在怎樣的問題，為什麼無法讓不同家境背景的人，獲得相同被尊重、理解、接納的機會？這變成了我高中的目標，有哪一個科系可以幫助我了解「人為什麼會去歧視別人？」「人為什麼會產生這些行為？」「人為什麼沒辦法好好聽別人說話？」

怎麼賺大錢？怎麼進入主流熱門科系？這些對我來說都不重要，我只想解答當時心中的困惑，所以我進入臺大社會系——這個從名字完全看不出未來出路、很容易被誤會是從事抗議、社會運動的科系。

高中時的我是很焦慮的，因為我喜歡上了「非主流」、被大家認為沒前途的東西。甚至害怕到擔心未來失業、流落街頭、不被理會而天天痛哭。即使我因為興趣而進入社會系，我仍擔心自己不被認同、沒有競爭力，所以我做了很多嘗試，加入社團、打工、家教等等，連打電動都很認真。

我的生活過得很豐富，而我也開始思考：「我為什麼會去做這些事呢？」「為什麼花費很多時間打電動呢？」「我到底喜歡電動什麼？」「為什麼可以每天都打電動，覺得人生好快樂，可以這樣一輩子就好了？」我發現電動給我的是「創意」。

• 大學參加社團累積領導經驗

那為什麼我要加入社團、甚至擔任社長呢？為了領導社團，我開始做很多策略的工作。在那過程當中，雖然我不知道那就是「策略」，可是當我現在回想起來，我發現我做了很多組織要怎麼發展的思考：組織要做什麼？組成組織的團體要幹嘛？團體目標是什麼？怎麼讓大家在一起？大家在一起要幹嘛？我做了很多策略跟管理的事情，並且發現了「策略思考」。

大四到大五間，我被學生會徵詢，有沒

有意願擔任發言人，因為過去沒有這個角色，所以會員們也不清楚工作內容，希望我加入後可以幫忙想一下，我便答應了，開始有了跟記者、校長互動的機會，為了因應各種場合的寫稿、發言，在過程中我逐漸找到樂趣，也陸續做了家教，一些打工，都跟「表達」有關。

找到核心的ikigai

大學生最常被問的問題之一：「你畢業後要幹什麼？」社會上有這麼多工作、這麼多事情可以嘗試，好像要做什麼都很容易。在這麼多的職業類別裡面，我要怎麼找到喜歡的職業？如果說大學時期我所從事的事情在外圈，我很喜歡、很常做或很擅長的事情，就是核心。大家如果能找出這個核心是什麼，就不會對就業感到那麼焦慮了。

這個圖叫ikigai，在日本沖繩有一群人特別長壽，有人很好奇就去研

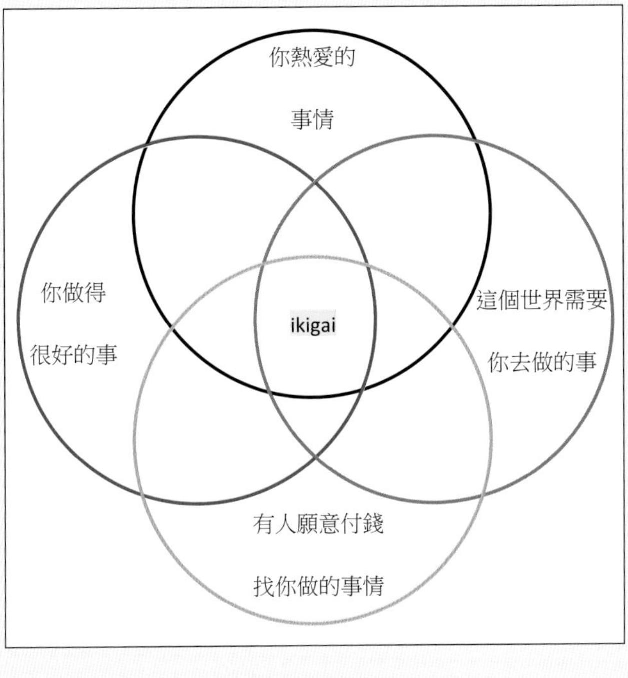

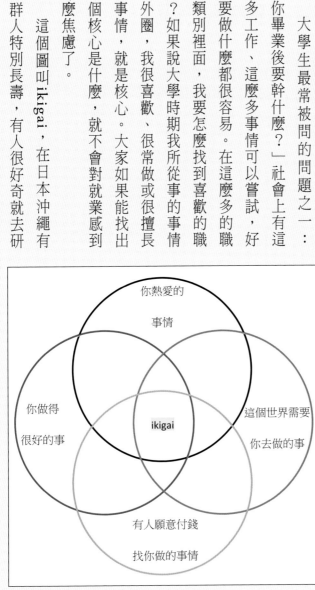

究，發現了ikigai這個概念，日文的意思就是「生命的意義」。什麼叫生命的意義？這太抽象了，所以研究者把它拆成四個重要的圓圈。最上面的圓圈是「你熱愛的事情」「你的興趣」，做了之後會超開心的事情，譬如說對我來說，就是打電動。

左邊的紅色圈圈是「你做得很好的事」，這件事不用做得比所有人都好，只要比隔壁的同學好就可以了。例如我比較有創意，可以提出隔壁同學不一定提的出來的一些新點子跟新的企劃；再例如我滿會寫故事的、滿有同理心的，我很容易聽懂「對方想要說的事情是什麼」、「對方沒有說出口，但他其實是這樣想的事情是什麼」，這就是我做得特別好的部分。

下面的圈圈是「有人願意付錢找你做的事情」，以我為例，我曾經在補習班改作文、做過主持、做過企畫，這些事情都可以讓我賺到錢，但我不一定熱愛、不一定感興趣。

最右邊的圈圈則是「這個世界需要你去做的事」，因為你的投入而讓某一群人變得更好，這件事可能不一定會賺到錢，例如做志工、例如陪同學聊天，同學不可能付我錢，但他會覺得跟我聊天，好像心情變好了一點。這種事情叫做「世界需要你去做的事」。

四個圓圈的交集就叫做ikigai。有沒有哪件事是你很喜歡、做得不錯、有人願意付錢，而且做了之後，別人會變得更好的？為了找到自己的ikigai，我們需要自問五個問題：

1. 你知道你熱愛什麼事情嗎？
2. 你有真的去做那件事情嗎？
3. 在做這件事的過程當中，即使遇到挫折，還願意繼續堅持下去嗎？
4. 你有沒有因為自己去嘗試這件事情而變成更好的人？
5. 做這件事有任何人因為你而變得更好嗎？

我在許多場合問過許多人這個問題，包含學生、公家機關的中高階主管等等，獲得五個肯定答案的人有多少呢？超過百分之五，但不到百分之十。隨著工作年資的累積，得到更多肯定答案的人會變多還是變少呢？

同樣這些問題，曾經有一個美國教授研究過，到底美國大學生、年輕人知不知道自己的目標熱情跟方向？知道就好做嗎？做了之後就會堅持下去嗎？堅持之後有讓自己或別人變好嗎？研究最後的數據大概是百分之二十五，二十歲上下的年輕人，會在剛剛那些問題裡得到肯定的答案。

這五個問題基本上也在回答ikigai四個圈圈的問題：你知不知道喜歡什麼？你會做什麼？這件事會不會賺錢？有前／錢途的事情是什麼？以及這世界是否需要你做這件事？我把大學跟工作的經驗重新彙整，進而發現我為何對生活感到滿意——我不一定是賺最多錢的人，但我清楚知道自己在幹什麼，也不會太過焦慮，因為我找到我的**ikigai**，找到了四個圈圈的「集合」。

試著從你的經驗中找出共通點，再藉此發散成新的經驗，接著透過五個問題或四個圈圈去判斷這件事之於你的重要性，就能找到最理想的狀態。但我們都知道，要找到自己的ikigai真的很困難。

有人說他根本不知道自己的目標是什麼，有人說不知道要怎麼完成目標，也有人明知目標和步驟，但因為害怕能力不夠、經驗不足而失敗，或根本沒能好好實踐這些步驟。最常見的是——時間不夠用，有了能力、具備知識、經驗和人脈了，但卻沒有時間。為了找出自己的「ikigai」，我費了許多心思，如何從「找到」到「實踐」，我遇到了很多故事。

環遊世界的他帶給我的啟發

大學時有一個社團同學，有天突然跟我說：「希慈，我覺得我應該去環遊世界。」我反問他原因，他說：「我覺得臺灣太多問題了，我對臺灣很失望，有太多問題沒有答案，一堆問題擺在那裡沒人要解決，大家都是在狂抱怨。」但這跟他要環遊世界有什麼關係呢？

「臺灣的問題一定不是只有臺灣人在面對，世界各地應該也有一樣或類似的問題，或許已經有人找到答案，如果我可以去看其他人的做法，或許就能帶回臺灣。」他說他要拜訪全世界的創業家、企業家，尋找問題的解答。理解他的動機之後，我想到現實的問題：哪來的錢？哪來的時間？哪來的管道？

他說，沒錢他可以做群眾募資，二〇一一年正是crowdfunding剛開始的時候，沒人知道什麼是群眾募資，我也很好奇誰會付錢給他，沒想到他真的靠著群募拿到十萬塊，但仍不及目標四十萬。接著他說要向企業家募款，寄了一堆信給很多有名的企業家，結果全是石沉大海。

「我要去堵他們。」這是這位同學提出的解方。要去哪裡堵？去慈善、公益類型的大型論壇。要怎麼跟企業家們搭話？他還真的拿著筆電衝上臺宣揚理念、向大家募款，最終順利拿到四十萬。

接著，他休學四個月，跟另一位夥伴從上海出發，到西藏、印度、巴基斯坦、埃及、再從埃及回臺灣。四十萬並無法完全支撐兩個人、四個月的旅行，所以一路上靠著搭便車、借吃借住走完全程。

不僅拜訪了四川的大型兔子養殖場、見證他們逆轉貧窮的成果；也去了位於深圳、中國最大的線上圖書館，所有書都放在倉庫，透過app、物流送書來借閱，打造良好閱讀習慣；更拜訪了諾貝爾和平獎得主、窮人銀行Grameen Bank的創辦人Muhammad Yunus。

看著他突破我的種種質疑，一路完成環遊世界目標的經過，我感受到我們之間的差別。在同一件事情上我們看到了相同的問題，但他的思考方式是：我一個一個來，第一條路走不通就會第二條、第三條。最後累積出來的結果：他完成了環遊世界。他的故事給我很大的激勵，讓我看到「有目標的人是怎樣找出方法、面對問題，每個問題長什麼樣，就面對問題、單獨解決」，把一個大問題拆解成小問題，然後找到各自可能的答案。不可能第一次就遇到正解，但能不斷嘗試，直到正確答案出現為止。

可是大多數的人跟他不同，我也一樣，「我不知道我要幹嘛？」

從「流浪挑戰賽」開始的創業

所以在二〇一三年，我即將從大學畢業，決定要做一個計畫來幫助年輕人找到自己的熱情。這個計畫叫做「流浪挑戰賽」，參加者必須寫信給人生的role model，告訴對方自己的夢想，並請對方給予回饋。這項挑戰很難一次成功，而且必須寫到有人回覆為止。

第一次挑戰賽在臺北舉辦，大概二百人參加。後來成大學生會也投入舉辦，多年來累積下來，已經有超過一萬人參與！有高中生、也有上班族，大多數是大學生。這個方式不僅可以幫助我們釐清自己的夢想，也能造成心理的改變。就像前文提問的：「十年後的自己會長什麼樣子？」現在沒有答案也無妨，花點時間抽絲剝繭，一定會多找到一點答案。

參加過這個活動之後，也會更勇於挑戰。當你發現寫信給二十個人，有十九個下落不明時就會發現：「挫折超級正常！」必須累積挫折才有機會遇到成功。在過程中會開始學會面對挫折、跟其他人產生連結，並獲得顯著的成長。挑戰賽帶給我的感動和成就超越想像，所以我決定把這件事情當成我的「工作」，於是我創業了，創立了「城市浪人」。

這項挑戰賽並不是我憑空發想的，而是受到雲門舞集「流浪者計畫」的啟發，他們每年會提供十二到十五位名額，送這些人去亞洲任何國家待兩個月，只要能提出說服人的計畫，就有機會獲得全額補助。例如有一個人因為失戀太痛苦，所以申請了計畫從四川騎腳踏車去西藏，最後回來出了一本書叫做《轉山》。

「流浪者計畫」的核心是「壯遊」，鼓勵離開舒適圈，這樣的壯遊未必要跑到遠方，「有沒有可能在自己的城市發生？」於是我開始把壯遊常見的一些挑戰跟行動變成任務，這些任務就變成我們流浪挑戰賽一個個項目。壯遊也可以在城市裡、在每個人身上發生。

在執行「流浪挑戰賽」時常碰到有人詢問經費的問題，我必須坦承，我第一次辦這個活動的時候，只花了兩千塊——我從小就是一個很會省錢的孩子。海報是在計中、借資工系同學的名義，用A4紙印出後，再貼在報紙的徵才頁面上的。沒有宣傳費、廣告費怎麼辦？我寄信給三、四十個名人、明星，請求他們拍一張照片、寫一下「流浪的定義」，然後在社群發個文就好，沒想到宥勝回我了！那時候他的粉絲專頁大概有六十萬人左右——他不只回我了，還幫我把這個活動po在粉專上面。

我們第一屆辦「流浪挑戰賽」時，沒有人知道我們在幹什麼，不計人事費用，花了兩千塊的成本，收回兩萬塊的報名費，扣掉獎金之後，其實也所剩無幾。這裡的重點是：創業之初，不要拿市場標準來衡量自己，那是沒有意義的。如果現實是沒有那麼多經費，那麼就要找到最簡單、最便宜的方式去執行。

有一句話是這樣說的：「當你真心誠意地想要做一件事的時候，全世界都會聯合起來幫你。」我覺得這句話更完整應該這樣說：「當你真心誠意地想要做一件事情，而這件事情又跟大家有關，可以照顧大家的時候，全世界就會聯合起來幫你。」

所以我辦了第一次、第二次比賽之後，我在二〇一四年一整年的時間沒有拿任何薪水，只靠打工過活，大家都覺得我瘋了。二〇一四年底，我在扶輪社的演講講了我想做的事情，就有人問我：「這樣你有收入嗎？」「為什麼沒有收入還想繼續做呢？」在場有個企業家深受感動，認為再沒有任何支應我就會餓死了，所以從二〇一四年開始，在我們連組織登記都沒有的時候，就捐錢給我們，至今應該超過兩百萬了。

至於創業遇到什麼困難？所謂「產銷人發財」——產品、行銷、人資、研發、財務，這五件事情是任何行業都需要的基本項目，但我全部不會。薪水怎麼發？財務報表、資產負債表是什麼？市場目標對象是誰？我幾乎看完管理學院課程的基本教科書，而這還不是最難的。

二〇一四年八月，我們舉辦活動的地區已經擴大到臺灣南部、香港，也已經有超過千人參與，理念跟故事很感人，但團隊內部卻是一片混亂。當我實際運作一個組織時，我第一個遇到的問題就會是：問題出現了誰要負責？況且我沒有營收、我也沒有權力去帶動這個討論。大學社團可以人人平等，但變成公司行號的時候，就必須有人做「拍板定案」的人。

當時的我因為害怕傷害團隊夥伴之間的情感，也擔心自己想整頓組織的想法被當成強出頭，壓力大到忍不住騎快車發洩，陷入矛盾兩難：一方面不想放棄，一方面又擔心自己做不到，如果有個意外發生是不是就不用面對了？我的狀態陷入了嚴重低潮。老實說，以當時的狀況來說，放棄只需要一秒。但我的父親提醒了我，放棄和堅持都可能變成一個習慣。二十三歲的我，要把放棄當成習慣？還是把堅持當成習慣？端看我的個人選擇。

法律專業的弟弟也安慰我：「一個真正爛的領導者，才不會意識到自己有多爛，還以為自己爛就哭成這樣，妳只是不夠好，但不是爛。」在家人的鼓勵下，我決定鼓起勇氣去跟團隊夥伴溝通、道歉，並且一起找到解決問題的方法。

有人問我，「城市浪人」的參與者到底可以獲得什麼？曾經我們有個任務是送餐給街友，當時有個學生意圖在所有任務做假，但卻沒人可以假扮成街友，為了完成任務，只好硬著頭皮，跟同伴一起製作了草莓吐司，說好有人負責送、有人負責拍照留證，沒想到當他放下吐司，得到的只有街友一邊磕頭、一邊感謝，所有擔心、害怕的事情都沒有發生。

只是一份敷衍用的草莓吐司，這位同學在看到街友的反應後反而慚愧尷尬，於是買了熱飲熱食，並因自己的隨便對待而向對方道歉。

對這位同學來說，這個任務是他人生第一次展開與陌生世界的對話。對他來說，跟陌生人講話、跟社會上的弱勢溝通，是很困難的事情、不敢去做的事，可是在比賽裡面他必須突破。後來他發起桃園地區的比賽，到我們協會實習，跟著其他團隊一起創業。他的經驗讓我看見明顯的改變和成長。這便是「城市浪人」對參與者造成的影響。

二〇一五年，「城市浪人」順利登記為全國性的非營利組織，二〇一九年獲得了全球性的芬蘭教育獎。被國際大型媒體報導之後，就陸續有其他國家的組織來交流，日本、馬來西亞、香港，亞洲許多地方有跟臺灣類似的教育問題。於是同年開始，我們舉辦了亞洲巡迴賽，從臺北、到神奈川、神戶、成都、香港、新山、檳城。

● 香港跨國講座Leaders To Leaders計畫

對我們來說，「城市浪人」的影響力是：不要把這件事情當成你自己才能做的事，這世界上有非常多人都相信同一個價值，只是需要找到彼此；如果沒辦法找到對方，就要設法做久一點，直到被看到為止！

歸零重來的勇氣

「城市浪人」是我從二十二到二十九歲累積的成果，我在很有興趣的領域裡面，完成了國際性的成果。而我在此重新歸零，我將組織全部交給其他夥伴，正式離開組織，這是我的新挑戰。我要重新開始，要像大學剛畢業時那個狀態一樣，我想重新知道要怎樣去進入全新領域。因為我不會煮飯，所以我最近的身分是在餐廳內場跟大學生一起打工。

有許多人困惑我的選擇，認為我的事業已經跨足國際，可以去更多地方、跟更多國家的不同組織合作，為什麼要放棄？為什麼是去餐廳打工？因為我有想學的事情。我想知道餐廳的運作、我想在這個環境生存下來，我想要學會歸零、重新開始。

直到現在，我還是持續進行「自我探索」，透過分享和記錄，透過書寫幫助我整理每天發生的事情：對我來說有什麼意義？我從中學到什麼？我看到什麼弱點跟缺點？紀錄下讓我感動或是疑惑的事情，寫下情緒起伏比較大的時間點，這些事件都對我來講，無論正面或負面，都是有特別意義的。

學生回饋 FEEDBACK

林泊瑋
生科系 一年級

「見過那至暗，才知道一個人可以多喜歡光線，於是你再無法傷我分毫。」——任明信

曾經對自己默許過的那些夢想，就像被堆疊在了陰暗處，似乎只要這樣把夢想裝箱、堆疊，就可以走向陽光，追尋那些社會定義所謂生命的意義，但是當夢想被集中「收藏」的時候，我追尋這個世界的靈魂也被收起來了。那些說好的、生而為人的作夢的權利，就這樣被做成一堆爛泥放在地上踩踏，而當我也無動於衷時，爛泥註定只能是爛泥，承受雨水的沖刷最終消逝。

其實我也曾經有過很多的夢想，縱有些是真的天馬行空，實現的可能性極低，但是連帶著讓許多有可能但不被看好的夢想跟隨埋葬。當我們註定面對教育體制的壓榨，一步一步丟棄曾經背在身上的夢想，而換上更沉重的寄望和眼光，等到發現時，我們都已成為制度裡的階下囚。

而張希慈講師卻在在奮起改變體制，讓所有人也能從體制裡爬起來。我去年剛進大學就參加了城市浪人的活動，當初參加城市浪人的契機其實非常不起眼，純粹只是因為活動的主辦方有熟人在內，所以我也決定積極參與大學的活動，見見世面。隨著我對這個活動的了解越來越深，我漸漸發現這個活動帶給我心靈上、情緒的革新與翻轉，我發現太多的情緒和問題都因為我們過去接受的教育，使我們變得過於含蓄或害怕面對自己內心中真實的想法，而這恰巧成了我發掘自我的啟蒙。

我也很開心我能聽到張希慈講師的現場演說，城市

浪人對我影響至深，雖然參加城市浪人的原因看來有些荒謬，但是我所獲得的溫暖是真實的。只要找到契機，無論契機如何，都應該時時把握能夠探索與改變自我的機會。

我很喜歡張希慈講師在演講中說過的話，當我們無法理解父母為什麼要對我們的夢想和目標綁手綁腳時，應該先去理解父母，讓他們去感受「可以完成自己曾經的夢想」是什麼樣的感受，畢竟他們過去的教育中，不曾有人鼓勵他們去追尋自己的夢想了，因此他們很難理解年輕人的「固執」。因此我所認為的自我探索也包括探索生活周遭的環境。

演講尾聲，張希慈講師說：「當我們面對了這些現實跟理想，做出的判斷和選擇，請為自己負責。」追尋夢想，除了享受夢想和這過程，也不乏責任感與參與感，才能成為自己想成為的模樣。

高雄市立左營高級中學體育教師
兼現代五項教練
高雄市擊劍人才培育協會總幹事

林生祥

林生祥不但是一位體育教練，更是學生們的人生教練。平時訓練教學之外，特別注重學生禮貌與態度。指導學生國內外獲獎無數，為校爭光之外，對弱勢族群關心付出，建立孩子自信心。自詡對教育的熱愛，以體育撼動心靈，散發無比的生命熱力。推廣運動不遺餘力，除舉辦多次運動相關活動，並擔任教練裁判講習講師。曾獲教育部師鐸獎、高雄市特殊優良教育人員等殊榮。

曾任左營高中導師、體育組長、學務主任、教師會會長；中華民國現代五項、擊劍運動之國家隊教練、選手；國際現代五項裁判。

林生祥・演講

失敗的正能量，拐個彎一樣能完成夢想

我從小有三個志願：老師、棒球選手、籃球選手，長大後才逐漸了解，在臺灣沒有人能成為棒球跟籃球雙棲國手，加上我的成長過程、就讀的學校，比較少接觸到籃球或棒球隊，所以心願沒能實現。如今，我成為了「現代五項」的教練。

什麼是現代五項呢？包含跑步、游泳、射擊、擊劍、馬術在內，雖然是正式的奧運比賽項目，不過因為在臺灣從事的人少，所以大家相對不熟悉。選手們除了參加「現代五項」的競賽之外，也能參加單獨項目。

沒打成棒球，糊裡糊塗練了現代五項

我的生命充滿了各種巧合，讓我從想成為棒球選手，到變成「現代五項」的教練。小二的時候一場車禍帶走了我的母親，從此我變成內向、自卑的人，因為家境清寒、父親疏於管教、也沒有媽媽提點，我幾乎荒廢了求學，高中聯考滿分七百分，我連兩百分都拿不到，好不容易擠進一所私立高中，結果開學第一天隔壁班就和我班上同學打群架，於是我爸希望我退學，明年再重考。

此時恰巧碰上三民家商成立體育班，剛要畢業的姊姊建議喜歡運動的我報考，當時我連現代五項是什麼都不知道，就這樣糊里糊塗加入、還在兩年內當上國手。當國手並不容易，第一天訓練就把我累壞了，藉故肚子痛想逃離。當時的教練看穿我的謊言，硬是把我留下，沒想到就這樣改變了我的一生。

高一時我的成績很差，每次比賽都是最後一名，被學長無情揶揄之後，我不服輸的個性被激發，隔年就拿下全國第二名，這場比賽我還因為生平第一次摔馬而進了醫院，原本醫生診斷腦震盪、需要住院，但我為了要證明自己辦得到、堅持要出院完賽。

高中畢業後我報考「三專」，現在已經沒有這種學制了。如果要修教育學程必須要拿到大學學歷，而且國手可以根據成績加分，全國冠軍加兩分、兩年內當一次國手加八分，當時全校第一名的學長加了四十八分，而我可以加一百零六分。只可惜我是專科生不能修教程。

中斷的選手生涯，不曾中斷的努力

專科畢業後我要入伍當兵，當時許多學長都因為優秀的競賽成績免役，或是只需要服兩週兵役就能借調回國訓中心、延續運動生涯。我也很幸運的抽到「〇〇四馬防部」，心想只要去馬祖看兩週風景就可以調回來了，沒想到一樁轟動全國的「軍史館姦殺案」，下令暫時全面禁止外調，於是我就在馬祖服完一年七個月的役期，在缺乏訓練的狀況下，我的運動生涯只能就此中斷。

退伍之後，我無法繼續當選手，因此去重考進修部、修教程，週末上課，平日則在協會擔任馬術教練。當時參與「馬術治療」的團隊，利用馬術來治療腦性麻痺的小孩，讓我看見了許多可憐的故事，也反思自己是否有能力照顧、改變更多人。

由於朋友的前例，讓我興起了出國進修的念頭，在父親、學姊的贊助和擔保下，我順利完成海外學歷，回臺後到嘉南藥理科技大學兼課兩年，也到國中、高中任教，當到體育組長、學務主任。在打理學校的行政業務時，曾有人問我：「為什麼發生這麼多事情，你好像都不會生氣啊？」

「因為這些事情都在我的預期之中。」無論是學生、師生還是老師之間，只要人與人相處就可能發生衝突，而我的工作就是去處理、面對。其實我也被家長投訴過四次，甚至鬧到教育局督學召見，聽了一些不太好聽的話，最後還吵到教育部出面處理。但這些過程都讓我的「功力大增」，遇過形形色色的學生、同事、家長，現在的我能一眼看出他們「好不好惹」。所以遇到挫折、不愉快不需要太灰心，都是老天給予、可以增進智慧的時機和考驗，因為我總是這樣想，才會被許多人認為EQ很高。

教練的樣子和任務

許多人一聽到「教練」，腦中便會浮現嘴裡吹著哨子、手裡拿著碼錶，督促選手訓練的樣子。而我的方式不一樣，甚至可能顛覆眾人的想像。至今我已經帶領國家隊超過四十次，最遠一次是到阿根廷比賽。

在世界各地征戰，因為現代交通的發達，幾乎所有國家都能在一天內抵達，讓我體悟到「開展視野」的重要性。老實說，運動選手出國比賽通常沒有時間觀光，頂多到知名景點快閃拍照，但無論如何，能跨出臺灣、到其他國家見識，對於我或選手來說，都是難得的經驗。

但不是所有選手都有機會出國比賽，為了增加他們與其他國家好手的交流，我們邀請了韓國、日本、亞洲各國的隊伍來臺灣移地訓練，不僅是運動場上的競爭，場下的語言、人文交流，對選手來說都是開拓眼界的大好機會。

• 帶領學生參加西班牙現代五項歐洲盃，返國前至知名景點聖家堂合影

某一次我們邀請了日本的擊劍隊到高雄移地訓練，他們白天練習、晚上就在飯店檢討，教練一手拿著攝影機、一邊對著選手說明該調整的地方，我好奇他為什麼要錄影，他說這就是「存證」，教練對選手說了什麼都是要負責任的。他的做法讓我印象深刻，不僅選手之間的互動，教練也透過交流持續學習。

為了訓練選手的表達能力，我會帶著他們參與活動或營隊，鼓勵他們上臺講話，臺下可能是幼稚園、小學、國中的學生，如果連遇到小朋友都會害怕，怎麼在未來需要的場合發揮表現？透過這些活動能讓選手們更有自信。

我的教育理念可以總結成這句話：「五十到八十的愛。」比起一開始表現就達到九十分的學生，我更喜歡讓原本五十分的學生，在我的訓練下進步到八十分。

現代五項教會我的那些事

我的教學理念來自「現代五項」中的馬術，除了選手之外，比賽用的馬匹也需要我們悉心照顧。馬的腳上會穿上馬蹄鐵，就像我們人類穿鞋子一樣，但馬不會說話，若是釘得不好，牠沒辦法反映：「我左腳後根釘得不好。」牠如果身體不舒服、受傷還沒痊癒，也無法開口傳達。就像是碰上不愛表達的學生一樣，他不說出來的話，我要怎麼幫助他呢？就像馬術選手能從馬匹的細微反應去察覺牠的狀態一樣，教練也能從學生的行為舉止去捉摸他的個性、脾氣。

● 2018年菲律賓亞洲U23擊劍錦標賽擔任領隊兼教練，頒獎後於講臺合影

我曾經有個學生很愛罵髒話，每

個碰上他的老師都會約束他，沒想到他的成績越來越差，所以我就讓他在賽前兩週恢復「可以罵髒話」，結果最後就拿到金牌了！我之所以願意順應他的個性，是因為他照顧馬匹時總是細心，讓我知道他對這項運動是認真的。而他的事情也讓我察覺臺灣教育制度的僵化，現在已經不是高壓管理就會見效的時代。

「現代五項」中有跑步跟射擊，而我們在校慶中增加「跑步射擊」這個比賽，選手必須在跑步過程中完成射擊、射中之後才能繼續跑，這項比賽曾引起話題，連藝人都跑來採訪，例如郭彥均跟林彥君。我帶著學生和採訪團隊一起「跑步射擊」，學生看到大家如此

• 2018年葡萄牙現代五項少年世界錦標賽賽後合影

關注、投入自己的運動項目，也會變得更有自信。學生的自信累積並不是教練成天喊著「有自信一點」就能達成，而我很樂意透過各種方式去加強他們的信心。

「射擊」則是讓我學會專注。即使成為國手，選手還是一天到晚舉槍，成千上萬次，然而，射中目標的關鍵不只是舉槍，還有瞄準。在擊發前不能只想著「我要射中靶心」，而得將身體站好、準星罩門瞄好、確認眼角餘光看到目標，完成所有基本動作，專注於當下，才有機會射中目標。

「擊劍」這項運動在臺灣雖然少見，但在美國卻是許多大學的加分項目，如果看過擊劍比賽，便會明白「後退」的重要性。在競賽的過程中，選手不能只是一味往前刺，而必須搭配前後進退的步伐，掌握對手的節奏，才有機會進攻得分。

運動真的會改變人生

很常遇到學生認為自己「老了」、「不行了」，我會半開玩笑跟他們說：「教練年紀大你一倍，我現在開始練都還跟你有得拚，你信不信？」有一次我跟一位曾經排名全國第一的選手達成「共識」，一起參加當年底的全國運動會，結果我創下最大年齡參加擊劍比賽的紀錄，還奪下銀牌。我會這樣做是為了以身作則，如果連兩倍年紀的我都還辦得到，那麼年輕的選手們為什麼辦不到呢？

我曾遇到不少來自弱勢家庭的學生，家裡的經濟狀況不理想，很難支應練習、比賽用的器材、生活費，身為教練的我就必須設法幫忙解決。我曾經想得很簡單，認為我任教的左營高中有很多同事、我也有很多好朋友，一人拿個三百、五百應該不是一件難事吧？結果並不如預期。

有個來自臺東的學生，我初估他三年需要二十六萬的花費，為了募資我設想了一個「陽光贊助計畫」，在募款的過程中我逐漸體會到，臺灣有錢的人很多、有愛心的人也很多，但必須讓他們理解「為什麼我要贊助這個孩子？」「為什麼我要贊助這位選手？」所以我們要更努力、更認真去做，要有賽場上的實績，也要有奮鬥的足跡，才能讓贊助者安心參與。直到現在有好多人想要捐錢、照顧我的學生，但是多數被我拒絕掉了，為什麼呢？兩個原因：第一是夠用就好、第二是我認為還有很多人需要幫助。

左營高中成立七十四年，有兩位學生拿到「總統教育獎」，一位是我班上的學生，一位則是我隊上的選手，這兩位學生都讓我學習到很多。朱俊哲是聽障生，曾在聽障奧運拿下第二名，正朝著金牌之路前進。

另一位是佑萱，是臺灣第一位現代五項的奧運國手，雖然家境清寒，但非常努力、謙虛且貼心。除了比賽的成績優秀之外，她也是個有禮貌的孩子。每次用餐完，她總是默默收拾餐盤，我問她為什麼這麼做，她說：「這樣阿姨就不會那麼辛苦了。」佑萱就是如此為他人著想的人。比賽結束後，總是一次不落的跑到裁判面前敬禮致意，這樣的選手在我的教練生涯中實屬少見。

運動真的能改變一個人嗎？我深信不疑。我曾有一個學生來自普通班，因為外掃區域被安排在體育組，每次掃完他都會問當時是體育組長的我：「老師吃飽了沒？」「還有沒有什麼地方要掃？」等我確認後才會離開，每天都如此。我任教十幾年，多數學生都是默默掃完、默默離開，很少會跟不熟悉的老師互動，他算是第一個。某次我興起問他：「你身材很高，是不是很會運動？你對擊劍有興趣嗎？功課成績怎麼樣？」他說自己都是全班倒數前三名，我便鼓勵他來體驗一下擊劍，沒想到就走上這條路，還因此考上臺中體育大學，當上了選手、修完了教程。

擔任教練期間，我做過很多事情，絕對不只是訓練選手而已。像是全運會時，我除了要帶隊之外，要負責十七項志工招募、凌晨兩點開始布置馬拉松場地等等。之前在鳳山體育場舉辦的馬術比賽，也是我負責籌辦的，來自義大利的技術委員對我印象深刻，後來仁川亞運會時便邀請我去當裁判。這讓我體悟到，很多事情在做的當下，或許是出於義務，也沒有想過自己有多厲害，但表現出來大家都看得到，了解之後自然會認同我的能力。

小時候我曾經幻想過自己出書、拍電影，這種少男少女多少都做過這種當主角的夢吧？而我在順利當上國手和教練後，我已經覺得是「心想事成」。聽別人說「吸引力法則」，我隱約也感覺是真的，現實自然而然走向心裡想的方向。我不僅出了一本書、參加簽書會，還拍了電影！

好幾年前我帶學生去匈牙利比賽，遇到一位社經地位很高的男士，跟我聊了太陽花事件以及我正在訓練的孩子們。後來大概兩年沒聯絡，某天突然找來，說有導演想拍我的紀錄片！而且是近身跟拍的那種紀錄片。「我們拍紀錄片，要拍到你都不知道我在你旁邊拍，那個畫面才是我們要的。」

拍攝的導演、練現代五項的我，再加上出資的老闆，三個不同領域的人，因為一部紀錄片串連在一起，深究起來我們的理念是一致的，從事教學的我從來不會因為學生奪牌而多拿一毛錢，導演只因為被我的精神打動，而用文化部補助拍攝著沒有票房保證、可能讓老闆賠錢的紀錄片。

運動教會我的那些事

運動帶給我許多啟發，其中一項是了解「人並沒有完美的」。棒球員的打擊率大概三成多就是頂尖出色，世界知名的籃球選手Jordan的生涯命中率大概是五成左右，這些優秀的運動員能有這樣的表現就是世界一流了，那為什麼我們總是要求自己要「十全十美」呢？

許多運動比賽都有中場休息，這段時間是修正錯誤的絕佳時機，應用到我們的人生也是，大學畢業可能也只是一次中場休息的時間，正好可以用來反省過去、思考未來，哪些地方需要修正、接下來要往哪裡去。運動競賽讓我明白「休息」的重要性，該停下腳步的時候就不要勉強向前。

大谷翔平是世界頂尖的二刀流棒球選手，高中時期他利用九宮格寫下計畫表，核心是「八支球團第一指名」，為了達成這個目標，他必須完成八個事項：包含體格、心裡、控球等各方面，而為了完成體格目標，他必須控制飲食、維持身高體重等。於是由「八支球團第一指名」核心開展的八個項目再延伸出八個九宮格，具體呈現了執行細節。

大谷翔平的九宮格中包含了人氣和運氣，而這就是不同專業領域之間值得交流學習的地方，他的控球法在你我的人生中都用不到，但他為了維持「運氣」而做的「撿垃圾」卻與我的教學經驗不謀而合！我在學校也是這樣教導學生的，躺在地上的垃圾，無論有沒有人盯著，你們是否願意把它撿起來拿去丟？這些細節都可能為我們的人生帶來改變。

另一位我覺得很敬佩的運動員是舉重好手郭婞淳，她不僅將獎金都捐給教練、還捐救護車給醫院，之前朋友在臺東的某間醫院遇到她，她一進醫院就問怎麼捐錢、公關室的位置，直到簽名時大家才發現她是大名鼎鼎的郭婞淳！她的謙虛和善良都讓我感到不可思議，就連她的教練也百思不解。但作為幸運存活的早產兒，她的名字似乎就應證了她懂得回饋、充滿感恩的人生。

我一直到二十六歲才真正會發自內心拿書起來看、三十幾歲才知道如何當老師，面對許多對未來茫然、或認為自己輸在起跑點、一路落後的學生，我一向鼓勵：「現在開始改變都還來得及！」專注於你的強項、不要自廢武功，沒有人知道成功什麼時候降臨，但放棄卻可能發生在最後一哩路。

人生的際遇很難說準，因緣際會改變的事情比我想像中還多，所以不要太去算計，做哪一些事情是為了獲得什麼，只要專心投入，自然就會有好的機會降臨、找到有志一同的人一起努力。也千萬不要害怕失敗，風箏要逆風才能飛翔，人要逆境才能成長，並且永遠切記：世界上最大的謊言，就是「我不行」。

學生回饋 FEED BACK

劉聲豪

材料系 ▪ 三年級

聽完講者的分享後，我學到了三件事情，首先第一件事就是「別只想結果而忽略過程」，在這個功利主義至上的年代，大家都太注重結果，但都忘了真正能使人成長的，是過程。結果只是一種習慣的展現，但過程卻是養成習慣的細節。這句話很值得深思，你的習慣會決定你的結果，但只有過程能夠建立你的習慣，不能忽略過程，因為是過程來讓你成長，是過程來讓你學到東西，也是過程來決定下一次的結果，所以講者說得很好，忽略過程就是捨本逐末的例子。

第二點則是人要懂得「進退」，講者從擊劍來舉例，擊劍者不會一直進，偶爾也會退一步來緩衝，而這就是重點所在了。退一步，並不單單是休息，擊劍者退一步，是想看清對手整體的姿勢和動作，是為了下一次的進攻在做準備，人生不也是這樣嗎？退一步，是為了讓你看清局勢，不隨波逐流，退一步，是為了讓你囤積能量，為了讓你洞察先機，為的是讓你下一次成就巔峰，這也就是講者提到的，人常常看到偉大之人的進，卻看不見其從容不迫的退。

最後一件我學到的事是要「相信自己所做的事」，這也是我最有感而發的，這世界的聲音太吵太雜，我們沒辦法全部都聽到，這時要做的，就是傾聽自己的內心，安逸的道路上總是擠滿了人，當我們走在只有一個人的路上時，往往會懷疑自我，會覺得這樣走真的是對的嗎？而這才是成功之路上最痛苦的地方，每個人都在質疑你，都在懷疑你，甚至最後連你都不願意相信自己。背道而馳看似是反面的話，但只有逆風才能高飛，飛機是乘著逆風飛翔的，人也一樣，藉著背道而馳的風，我們才能逆風飛翔。

鈺創科技、鈺群科技暨鈺立微電子等
公司之董事長及創辦人

盧超群

盧超群致力貢獻於全球IC設計及半導體產業，著墨於技術創新、學術研究及企業管理，並落實於創辦多項新事業，對臺灣半導體產業有立基貢獻，提供關鍵矽產品／晶圓，以支援全球高科技產業和經濟發展。曾獲IEEE固態電路技術最高榮譽獎章（IEEE Donald O. Pederson Award in Solid-State Circuits）。

現任鈺創科技、鈺群科技暨鈺立微電子等公司之董事長及創辦人，台灣半導體產業協會（TSIA）現任常務理事，全球半導體聯盟（GSA）現任理事及亞太領袖會主席，臺灣大學特聘研究講座教授。曾任世界半導體理事高峰會（WSC）主席（二〇一四－二〇一五）、台灣半導體產業協會（TSIA）理事長（二〇一三－二〇一七）、台灣人工智慧晶片聯盟（AI-on-Chip Taiwan Alliance, AITA）會長、全球半導體聯盟（GSA）理事會主席（二〇〇九－二〇一一）。

盧超群・演講

透過半導體和AI，悟出助人利己的「英雄之路」

一九七〇年初，當全世界還不知道半導體將進行一場大改革時，臺灣就已經開始著手進行研究，我有幸能在大學時期跟隨恩師施敏教授學習，了解他對臺灣半導體產業發展的貢獻。施教授在交大開設全臺第一個半導體研究院，也是臺灣致力於電子產業發展的先驅，他發明NAND Flash快閃記憶體，對半導體產業帶來深遠的影響，以紙筆為喻，筆就如同eRAM，而紙就是NAND Flash。從這件事得知，每個人都可以成為他人生命路途上的參考或指引，而我也在這時候確信半導體會是我未來研究的一個方向。

我深信，每個人都有能力在自己所處的領域中努力奮鬥，只要能對人類做出一點貢獻，讓他人的生活能夠變得更好，就能為自己感到光榮和自豪。以Covid-19為例，臺灣這次展現出了數十年來累積的科技、人文及政府人民的努力，為全世界展現了意想不到的奇蹟。

當臺灣的Covid-19確診數達到四百人時，卻只有七人死亡。相對地，如果當初選擇效仿美國的防疫策略，那恐怕不會有這樣的數字。因為美國當時的確診數已經高達三百多萬，死亡人數也高達十萬人。因此，我相信Covid-19為我們帶來了最好的學習經驗，讓我們能夠更加重視全球公共衛生的重要性，並且透過這個經驗來優化未來的防疫策略，讓全球能夠更好地應對類似的挑戰。

如何好好品味生命？

若要我寫出一段話來勉勵大家，我會說：「秉持真善美學，來品味生命。」學習是人類最大的快樂，而且不論貧富，每個人都可以一生學習。然而，每個人的生命都不同，所以該如何好好品味人生呢？

首先，我建議大家「發揮自己的生命價值到最大」。我有兩個兒子，其中一個是MIT的教授，也創辦了七、八家與合成生物學相關的公司。透過DNA當作電晶體來發明新藥，可以很容易地驗證一個人從出生到八十歲需要多少能量。哲學家梁漱溟曾總結人生為「一生向上」，所有的宗教和哲學都可以歸納為「向上」這兩個字。因為人類擁有一種原始的動力，可以驅使我們不斷向上邁進，這也是我傳授給我的孩子的第一句話。

在我們向上的過程中，必須「一路堅持、一路觀賞」，同時也要記得為家人和他人留出時間和空間，帶給他們一些正面的影響。若能有伴當然是最好，為什麼？雖然人們常說：「人都是孤獨地來到這世上。」但有時不免仍會感到孤獨，有人直到晚年都沒有伴，需要找人來照顧自己也是頗為困難。儘管如此，尋找一個真正合適的伴侶並不容易，有些人找到的伴侶也許不是那麼好。每天在報紙上看到那麼多慘痛的社會事件，更讓我們意識到，有一個伴侶是多麼值得感恩的。當然，如果沒有伴侶也不要失落。凡事多反思自己、保持幽默、提升格調，這對於我們身在臺灣的人來說尤其重要。

其次，找出自己有興趣的事，而且一定要是個「向上」的興趣。我相信沒有人想每天從事低俗的職業或是常常與酒肉朋友們混在一起。同時，當我們遇到困難時，也需要學習確認自我價值。記得打開心扉，即使遇到困難，也能夠找到解決辦法。例如，我每天辛苦地工作，從中也遇到許多難題，但因為我對這個領域有興趣，所以我能夠持續不斷地工作下去。若要我再度使半導體發光發熱的話，我會非常樂意。

成為一個英雄，是建立在幫助他人之上

「助人助己」是我職涯裡一個很重要的核心價值觀。我創立了十間公司，其中五間上市，但我不僅是一個上市公司的董事長，同時還擔任半導體產業協會理事長、臺大特聘研究講座教授暨傑出校友、交大傑出校友與講座教授。這些職務看似毫不相干，但有一個共通點，那就是「服務」。如果我不是一個願意助人的人，我也許可以選擇什麼也不做，但我並沒有。相反地，我從這些服務性質的工作中找到了人生的意義。例如：擔任半導體常務理事時，我幫助公司向上，也幫助很多人完

成他的事業，這正是我奮鬥的核心價值。也就是說，成為一個英雄不是取決於你在某個領域上的成就，而是看你幫助了多少人。你的一點幫助，或許能報答所有曾經對你有恩惠的人。如果從更大的層面來看，你的一小步也許會成為人類文明的一大步。曾經有人問史丹佛大學的學生一個問題：「為什麼你當初選擇來就讀史丹佛大學？」有百分之七十的學生回答：「希望人類與地球的文明因為自己的存在而有所改變。」我希望大家都能將「助人助己」視為人生目標，而半導體產業不一定要由誰來主宰，可以是任何一個人，也可以是你。

現在的世界已經進展到「一指觀天下」的階段，這意味著若想知道某些資訊，只要手機滑一下，就能夠獲得世界各地的即時消息與資訊。然而，這樣的進展僅限於當前的現在，未來會怎麼發展以及其對人類社會的影響，仍然是一個未知數。回想二〇〇七年，當史蒂芬．賈伯斯發表了第一臺iPhone時，他會知道這臺iPhone在未來是如何影響我們的嗎？人類文明進步得相當快，因此很多新興科技在當下是無法立刻被定論的。

我在擔任半導體理事長一職時，就希望把半導體相關知識推廣至一般大眾，使他們能夠理解。如果大多數人都了解了，他們也將更理性也更支持半導體發展，減少一些不必要的衝突。

不斷進步，就會有更多完善的技術產生

對於半導體，有幾個基本知識可以掌握：

一、半導體是什麼？

半導體是一種介於絕緣體和導體之間的物質，半導體從發明一直到一九四七年，歷經四十年後，在貝爾實驗室（Bell Lab.）發明了電晶體。電晶體擁有三個元件：洩極、源極、閘極，就像打開水龍頭會有水流出一樣，只需在源極和洩極之間施加電壓，電子就可以在其中流動。如今，我的兒子正在研究基因生物學，這與人類的電晶體非常相似，只需打開水龍頭，就可以讓人類的基因在細胞中流動。值得一提的是，二〇二二年臺灣半導體產值突破四點八兆元，對全球經濟的影響非常深遠，我們可以預見，大約有一半的人類經濟文明都與半導體產業有關。

二、積體電路是什麼？

這是一張晶圓的圖片，由半導體製造公司使用微影技術將「矽」淬煉產出晶圓，還有一張積體電路的圖片，積體電路是我們公司負責生產的產品之一，它是一個小巧的晶片，上面擁有一兆個電晶體，而未來還有可能成長至一百兆個，因為半導體還會成長。在晶片中央加上了Etron Tech的LOGO，即是我司產品，可以開始銷售。這些晶圓和積體電路會經過測試，以確保最終產品的品質。而最終成品可以組

裝到手機等電子設備上，成為我們日常使用的工具。

談完「化土成金的矽」之後，就不得不談論「抽絲傳語的玻璃」，它其實跟高科技有相當大的關聯。中國有一位諾貝爾物理學獎得主高錕，年輕時曾在國際電話電報公司（ITT）工作。由於他天天都在公司待很晚才回家，他的太太為此感到相當不滿。為了安撫太太的情緒，他跟太太說自己正在研究玻璃，所以才那麼晚回去，如果研究成功的話，玻璃將會在人類通訊技術上扮演重要角色。高錕所指的玻璃，即是後來被廣泛應用於通訊技術中的光纖。現今，我們能夠輕易地進行遠距離通訊，就是多虧了光纖技術的發明與應用。

儘管高錕的發明開創了光纖技術的新時代，但這並不意味著我們已經到達了技

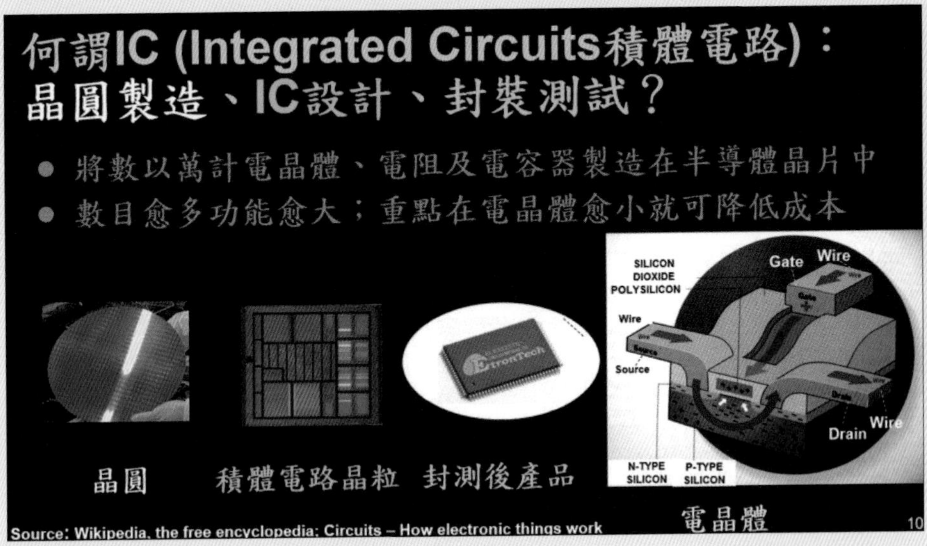

● 何謂IC積體電路（圖片提供：鈺創科技）

術的巔峰。即使目前通訊技術已經發展至5G，仍然存在著一些缺失，需要人類不斷努力與進步才能創造更加完善的技術。因此，我們仍然需要繼續探索、創新與發展，以滿足不斷增長的通訊需求。

成為一個有所貢獻的人，是件可以掌控的事

我很喜歡Doris Day的"Que Sera Sera"這首歌，歌詞裡寫道：「I asked my mother what will I be. Will I be pretty? Will I be rich?」無人能夠完全預知未來，就算是下一分鐘會發生什麼事情也是無法預測的。但可以確定的是，我想要成為一個對社會有所貢獻的人，因為美貌不是你能控制的，富有也不是你說追尋就能追尋得到的，唯有當一個為社會有所貢獻的人，是可以完全靠自己掌握的。

一九五九年因為煤礦需求大增，我的父親曾赴美國學習開礦技術一年，當時，他曾多次告訴我要好好讀英文，將來要為臺灣做出貢獻的人，英文不能讓別人瞧不起。

我比較幸運，因為上有長兄做模範，所以也立志從科學家做到工程師，更要做發明家及研究員，力求學以致用所以創立多間公司，希望有益於社會，一路前行都有哥哥可以互相討論學習；而哥哥專長於半導體技術、元件、研發及製造，我本人則著重半導體設計、產品、開發至量產，專精略有不同但大方向上竟可互補相乘，真是人生有幸。

永保學習心態，是維持年輕的不二法則

我就讀建中時，老師曾送我一段話：「十八入大學，二十看學歷，三十看能力，四十看經歷。」也有人說了另一個版本：「五十看財力，六十看體力，七十看病歷，八十看黃曆，九十等著見上帝。」老實說，這兩個說法我都不太認同。我現在六十幾歲，我最快樂的時期是二十幾歲到三十二歲還在美國念書的時候，那時電機系的外國學生數量並不多，而IC設計方面只有我一個外國學生，儘管英文不太流利，但我憑著努力和毅力，只花半年的時間就考過PhD的資格考，因此招惹同學的眼紅目光，遭受霸凌。還記得有一次做實驗時，我認為添加某樣東西，會增強實驗品的效果，但那時已經半夜兩點，我決定先回宿舍休息一晚，明早再繼續研究。臨走前，我在實驗品前留下一張寫著「勿動」的字條，希望同儕們不要誤觸我的作品。

隔天我特地起了一個大早，想盡速完成實驗品，怎料到實驗室時，竟發現我的實驗品全被人拆除，那是我花了一個禮拜的時間，幾乎不眠不休做出來的作品。我按捺住情緒，詢問在實驗室裡的同學：「我昨天有特地留字條，希望大家不要動我的實驗品，為什麼我的作品還是被人拆除了？」答案不出我所料，每個人都說：「沒有啊，我們沒有看到什麼字條。」

或許像我這樣在異鄉學習的人，碰到這個狀況會感到無比挫折，甚至一蹶不振。然而，我不是這樣的人。我立刻找我的指導教授Jim Meindl，向他詳述了我所

遭遇的困境，同時提出兩個解決方案：第一個是離開他的研究團隊，第二個是轉到老師底下一位名叫Levy Gerzberg的猶太人的研究團隊中繼續做研究。我並不是想要告狀或者請老師出面，因為我明白，老師底下若沒有這些當地學生，他的研究也無法繼續進行，為了不徒增他的困擾，我才主動提出兩個解決方法。當Jim Meindl聽到這些後，卻意外地賞識我有勇氣提出改變與新的努力方向，很支持我到Levy Gerzberg的團隊中繼續學習。在新的團隊中，我被視為Jim Meindl的大徒弟，沒有受到任何刁難或者霸凌，並且我發表了大量的論文，只花了四年的時間，就提前畢業了。還記得當時我的畢業論文上，被老師批了一個評語：「Top Notch.」意味著它不僅是優秀的，而是比一般優秀的更加出色。更讓我滿意的是，我畢業的那年，Jim Meindl有三分之一研究經費是因為我的研究而來的。

雖然曾遭受他人打壓，但我依然非常享受和懷念那段學習的時光。因此，我希望自己能夠一輩子保持著二十六歲到三十歲的心智。我知道要做到這件事相當困難，但如果你真有心當一個三十歲的人，那麼你的心境和人格就會一直保持在這個年齡層。

「永遠不要忘記家鄉」是回來創業的主因

常常遇到很多學生問我：「請問現在的你和學生時期的你有什麼不同？」我想，差別只在於多了一點知識和經驗，但幸運的是，在大學時期我遇到了施敏教授，讓我有很好的學習機會，因此豁然開朗，感謝上天讓我遇到這麼厲害的人作為我的啟蒙老師。因此，我決定要仿效他，好好學習並投入到我的事業中。

人生充滿了峰迴路轉，我後來到了美國念書，有幸在半導體領域大師Jim Meindl的指導下學習。在他的全盛時期，底下甚至曾有高達九十幾位博士生和研究生。我們都和Jim Meindl老師處得相當融洽，師母也很喜歡我們這些外國學生，她還時常開玩笑說我是Jim Meindl老師底下最優秀的外國學生。

事實上，臺灣在一九六九年就曾邀請Jim Meindl老師來協助半導體產業，而在一九七五年，臺灣終於下定決心推動RCA技轉，Jim Meindl老師對臺灣的半導體產業真的幫了很大的忙。想想我這個窮學生當時就這麼兩手空空地到美國，但他們卻不管我這個異鄉人對美國有什麼看法，只管一視同仁地努力栽培我，讓我今天能有機會將在國外所學到的知識回饋給臺灣。「永遠不要忘記家鄉」，也是我回來創業的主因之一。

過去，曾有學校請教我如何讓研究生的論文能推上國際，增加學校對外的優良評價，而我總是回答：「不需要這麼做。」因為在我看來，學校的主要產品是學生，而不是論文。只要好好栽培學生，他們將能成為傑出的人才，並為學校帶來更多的光彩。舉例來說，美國的許多大學都會挑選五名傑出的學生代表學校，而這些學生往往會成為業界的領袖或是學術上的佼佼者。

我自己的經歷也是一個例子。我的博士指導教授Jim Meindl的前三名優秀學生分別為MIT校長、John Hopkins醫學院的校長和史丹佛工學院的院長。第四位是矽谷上市公司的創辦人，同時也是美國半導體產業的發言人。第五位就是我，我自己也成為了臺灣半導體產業的重要推手之一，我所發明的STP DRAM Cell記憶細胞，已經占了當時半導體記憶胞市場的百分之七十。從念博班、到IBM再加上創業與推廣產業，我把這段歷程形容成一次又一次的難關，但我也一關一關地闖過去了。

投入國家級半導體計畫，建言需「一步到位」

一九九〇年臺灣推動國家級「半導體次微米計畫」（斥資約八十五億新臺幣），想進入全球先進技術研發、製造及產品行列，當時承蒙資政李國鼎先生召見，我專程由美國返臺拜會，他時年八十歲、我才三十七歲。當時我的兄長盧志遠在工研院領軍，擔任經濟部空前最大的科技專案「次微米製程技術發展五年計畫」總主持人，而我、鈺創及工研院Defined的先進技術只花了四年多，一九九四年，竟如願地開始生產臺灣自主研發的先進八吋晶圓（0.5微米）的製程技術、16Mb DRAM及256Kb Cache SRAM，終能供應下游PC產業，孕育了先進IC產品與代工設計公司如雨後春筍般地冒出來，使產業深耕擴散。

李資政聞名於「要言不繁、實事求是、就事論事之精神而且是行動派」，回想會晤當天，心中盤旋的是：臺灣當時有限資源、人才及僅具有落後之1.0微米六吋晶圓之量產能力，如何聚焦技術研發並能跳蛙，以自主創新0.5微米研發快速量產？當時，我說：「因為您要擴展臺灣半導體產業既深又大又急，但全球技術進步太快，您必須一步到位：研發、創新、製造同時並進，時程太緊人才又不易聚合，我必須能創立如名建築師貝聿銘般之半導體技術研發公司（當時全球也不多），只有如此行動才夠快，也才能吸引延攬到全球最優秀之半導體技術專家。」而且建議李資政考慮工研院之新型製造產線，都直接建在科學園區內，我們必須在五年內做勝過競爭者十年做的事。

當時，張忠謀做了一件非常偉大的事情，他實行了晶圓代工的商業模式。在這個模式下，次微米聯盟之設計群負責晶片設計，而台積電負責晶片的製造，然後還把設計人員拉進來一起進行智慧邏輯設計，使整個製造過程更加順利。儘管仍需要勞力密集的工作，這個模式仍然為臺灣和台積電帶來了很大的成功。對我來說：「我們做出來的東西一定要有意義」，這個信念始終是我所堅持的，人生總要訂個目標，或許做出成品的時候，並不是什麼多偉大的結果，但至少要對自己和對別人來說都是正向的影響。

後來這個計畫獲得了蕭萬長先生與郝柏村先生的支持，在三年內決定把六吋晶圓改成八吋，結果本來五年期之次微米計畫僅四年就達標。換句話說，臺灣從原本落後三代，只能做到二十五奈米，到後來可以做到一千奈米。五年的經費，四年做好，為臺灣足足省了十六億！很多人問我們是怎麼辦到的？我想，是因為我們懂得「務求嚴謹治理，以公為重，同時尊重專業，要求設計創新超群」。

我在IBM十年磨一劍，但當我有幸於臺灣次微米計畫時定義出世界級的半導體技術與設計了先進次微米積體電路，臺灣若不即時從事大規模自主研發、製造與設計，臺灣半導體產業或許會失去全球激烈競爭下追上先進國家之技術而扼腕！目前臺灣半導體產業從最底層已攀升至全球前三名，當然其中台積電做出了巨大貢獻，但我還是感到很驕傲，卻也時時警惕自己：不要因為追求掌聲才去做事。只有在提供實質幫助後，才會得到掌聲，而這些讚賞只是一時的，很快就會被人遺忘，所以切勿驕矜自滿。

異質性整合，創造無限可能

現今，我們身處在AI與矽電子智慧的時代。有越來越多的技術公司致力於開發先進的半導體晶片，其中Nvidia是其中的佼佼者之一。Nvidia的第一顆DRAM是由鈺創提供的，沒想到它目前已是全球第十大半導體公司。

二〇二二年全球半導體產值已達到五千七百三十億美元，更邁向矽世代4.0：3D×3D微系統，強調矽與非矽異質性整合異質性整合到奈米系統，輔以功能、價值之微縮漲，奈米級系統設計蓬勃興盛，創造指數型經濟成長，衍生巨大商機。鈺創開始做三百六十度環景，例如將一座飯店的外觀及其細節拍攝下來，甚至能清晰看到躲在草叢中的小生物，這是AI與半導體技術相結合的成果。台積電後來也決定加入異質整合，世界在二〇一七年決定推動異質性整合藍圖，取代摩爾定律藍圖，第一個提出異質性整合概念的人就是我，臺灣有很長一段時間一直在做於同質性整合和摩爾定律，獨自奮鬥了十五年後，終於德不孤必有鄰，世界同我做大事：向異質整合邁進！

半導體產業不僅再押注製程的微縮，產業可以發揮多元智慧（IntelligenceN）綜效，第一個是人類自然智慧：HBI（HUMAN BRAIN Intelligence），舉個例子來說，假設這個人癱瘓了，我們運用技術，讓他能夠恢復行動能力，第二個就是人工智慧&機器、機器人與人類協同之人機智慧（ARTIFICAL & MACHINE Intelligence），第三個就是我的兒子在研究的細胞、細菌智慧創新改革醫藥及療法（CELL Intelligence），還有長壽品質與生活愉悅智慧AGI（Aging Intelligence）、人類與環境共生智慧EI（Environment Intelligence），以及太空&地球互轉智慧SEI（Space & Earth INTERACTION Intelligence）等有待人類探索多元智慧。

摩爾定律的方程式，是二的三十次方，也是十的九次方，大家手機裡面所用的晶片，換成我的方程式（盧氏定律）的話，H是number of HI/IC blocks，這是由我們做的產品整合起來的，n是每年會發明多少，全部加起來就變成新的摩爾定律，也就是說，到二〇三〇年，半導體產值會從五千億到一兆兩千億美元，在你的生涯中六十年做了五千億美元，但是在未來十五年你有機會創造一點四倍的七千億美元，這就是異質整合的爆發力！

十二字箴言，達到「樂在工作，永續經營」目標

關於管理鈺創的心法，我有一套十二字箴言，以「理情法」治理，對員工採「智仁勇」，對做人做事來講叫「信望愛」，目標是「真善美」，這十二字來達到「樂在工作，永續經營」，不只可以用在鈺創，各行各業都可以以這十二字為圭臬。

鈺創科技以這十二字箴言為本，持續不斷地努力，堅持做記憶體這個區塊，雖然後來臺灣的記憶體產業被韓國超越，但是我沒有因此感到絕望，我選擇扭轉乾坤，最終，鈺創成功登上Intel在《華爾街日報》所刊登的祝賀版面上，雖然我們規模不大，很多時候都是孤軍奮戰，但是為了讓臺灣半導體不要只做代工，我們仍持續不斷地擴增「兵

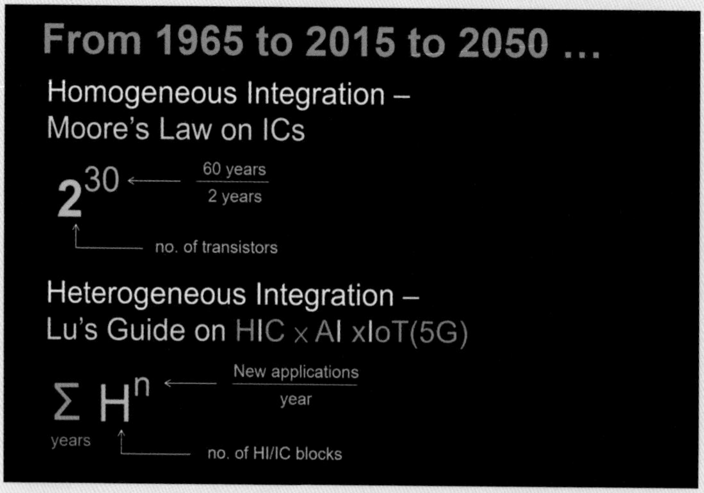

• 摩爾定律與盧氏定律（圖片提供：鈺創科技）

力」，以確保臺灣半導體產業能繼續延續。

學習半導體和AI後，有很多條人生道路可以選擇，你可以選擇當一個發明家，就像愛迪生那樣；或者做一名研究者，像是擔任大學教授；可以選擇當一位企業家，同時創造財富，而我，立志成為一個Hero of Invention、Creation and Realization。

學生回饋

FEEDBACK

姜依伶

經濟系 ■ 一年級

身為社會組的學生，半導體及AI一直是我所不會觸及且極其陌生的領域，面對這樣不熟悉的課題聽起來相對吃力，所幸盧超群講師鉅細靡遺的分享了這一路走來的心路歷程，從求學階段漸漸摸索，而後掌握方向且確立目標，到後來創建鈺創科技公司的艱辛與經驗談，處處感受得到講師對半導體與AI領域的熱情，說來侃侃而談，好似在回顧自己人生中的每個階段，讓人特別能感同身受這份熱情與執著。

盧超群講師在三十年來致力貢獻於全球IC設計及半導體產業，為臺灣科技產業奠定下穩健基礎，開發出創新型3D半導體記憶體細胞、參與國家次微米計畫，這些聽起來離我們好遙遠的成就，都是盧博士過去鑽研努力的心血結晶，尤其在建立鈺創科技公司後，以企業為向下扎根的基礎，繼續為社會貢獻帶來創新技術及企業價值，更是為半導體及AI領域盡心盡力耕耘。

「奮鬥的核心價值：懷抱出眾的理想，全力打拚、實踐，不計成敗就是英雄。」盧講師在演講中傳達的價值觀，奮鬥需要同時兼具理想與實踐才是有價值的努力，應當首先立定自身目標，憑藉對目標的熱情與嚮往讓自己始終走在正確的道路上，而後透過全力打拚去實踐這項目標，讓夢想不僅僅只能是夢，一步一步邁向目標，不以成敗論英雄的真諦或許是：過程即是結果，一路走來的途中所學習的一切都是無形資本，將其融會貫通成自己的內涵，不需要以結果論輸贏，有了過程，人人都能是英雄。

「世界不一定要有偉人

出現，每個人都是一顆螺絲釘，做好自己的任務把一切疏失拴緊，就能回饋社會。」當盧博士已擁有顯赫的身分與價值時，卻依然能謙遜的講著這番話，人人生而平等，皆有其必然的價值存在，螺絲釘再小，都能成為成敗的關鍵所在，社會中的每個人都是小小的螺絲釘，唯有各盡本分才能建構出穩健的社會，那麼又何須偉人的出現呢？這是盧教授所帶來最言簡而意賅的一份價值觀了。

郭泓志運動發展協會理事長
郭泓志

被譽為臺灣最強王牌左投，因多次受傷開刀又重返球場拚盡全力而獲得「不死鳥」稱號。曾任洛杉磯道奇隊球員、統一7-ELEVEn獅隊球員、富邦悍將隊球員、二〇〇六年世界棒球經典賽中華台北代表隊選手、二〇〇六年杜哈亞運棒球賽中華台北代表隊選手、二〇一三年世界棒球經典賽中華台北代表隊選手。

郭泓志・演講

豁出去，用力丟就對了

我從十八歲開始就到美國打球，打了十幾年時間，後來又回到中華職棒發展。這一路上當然遭遇許多起伏，不過整體而言，我認為我有達到預想的目標。

不怕被歧視，只怕沒實力

剛到美國的時候，最直接遇到的就是語言問題，球隊第一年有安排翻譯給我，但也很直接地表明「只有一年」！所以我有一年的時間可以認真學習英文。因為英文程度不好，我連到麥當勞點「兩個漢堡」都不會說，每次都只能指著菜單點兩個套餐，逐漸進步到「我要點一個套餐，再加點一個漢堡」。畢竟是生活所需，時間一長就會慢慢習慣。結交朋友是另一個克服語言障礙的方式，多找當地的朋友聊天、交一個女朋友，自然而然就會融入。

我還記得到美國的前幾個月，很像出國去玩，加上當時有中華隊的選手陳金鋒也在美國，帶著我一起熟悉環境、認識朋友，讓我那段可能得適應文化差異的日子，變得很有趣。

在美國打棒球比較不怕遇到種族歧視的問題，畢竟那裡是由世界各國的人組成，有日本、拉丁美洲來的，反而是因為我的簽約金有一百五十五萬美元，在當時來說算是比較高的，因此會被認為「比較特別」，舉動就會受到注目。「你可以做些什麼？」「你為什麼可以拿這麼多簽約金？」這些質疑不曾停過，所以就必須有所表現，去證明自己的棒球實力，讓這些懷疑我的人知道，在棒球的世界裡，大家都是平等的。

臺灣的棒球文化偏向日式，比較土法煉鋼一點，所以在國中之前，臺灣選手的基本功紮實，普遍表現比外國選手好，但一到高中、大學之後，情況就會相反過來，甚至拉開差距，我認為最大的原因是我們給予選手太多壓力。

像我現在擔任教練，爸媽帶著小選手過來，就已經開始期待他們變成球星，「要成為下一個陳偉殷」之類的。小選手可能才剛開始接觸棒球，便已經被賦予太多壓力，為了達成這個「目標」，反而沒有辦法根據自己的能力、個性去調整訓練。在美國不一樣，我在那裡遇到的孩子很多都是把棒球當成一般的課外活動或單純的運動，游泳、足球、棒球

● 在棒球的世界，大家都是平等的

都一樣，只是在活動筋骨、鍛鍊體能。

等到孩子真的對某項運動產生興趣，他自然而然會投入更多精神，自主能力也會跟著變強，不需要任何外在施壓、強迫，他會自己去跑步、練球。反觀在臺灣，我們從小就被要求要跑幾圈操場、要投接多少球，當下根本不知道為什麼做這些。等到小選手長大了、有思考能力了，才來決定要不要往某個方向發展，我認為已經為時已晚。

更進一步說，臺灣的棒球訓練重量不重質，而美國則是重質不重量。無論是教練、家長還是選手本身，在臺灣都是覺得「練習時間越長越好」，好像只要練得比別人多，成就就會比別人高。在美國則不一樣，今天的訓練課表兩小時，就是專心做完，剩下的二十二小時就是好好休息、完成其他任務。這是我認為兩地的培訓系統最大的差別。

對我來說，假如我想把一件事情做好，如果心不甘情不願，一定是事倍功半；相反地，如果沒人有人強迫、是自己感興趣，只要設立好目標，完成每日進度，實行起來的心情是完全不一樣的。

受傷開刀後驚覺：再不努力將一無所有

我雖然拿了很高的簽約金去美國，只可惜第一年就受傷開刀，所以在小聯盟沉寂了將近六年的時間，把簽約金都花光了。第一次受傷開刀時，一部分仗勢著自己年輕，一方面手上有點錢，只想著如何把生活過好。到了二〇〇二年第二次開刀時，才真的感受到：「如果我沒完成自己該做的事情，我可能會一無所有。」當時我披上國家隊戰袍、代表中華隊上場比賽，表現並沒有很好，那段被責罵的日子其實滿辛苦的。所以我問自己：「你剛到美國時的目標是什麼？」我想登上大聯盟，這是我的目標，所以我必須一步一步，像是爬階梯一樣努力往上走。

美國的棒球系統也是一階一階上去的，從1A、2A、3A，然後才到大聯盟。二〇〇五年我突然從2A被拉上大聯盟，當下是滿驚訝又緊張的，畢竟跳過3A直接登錄大聯盟名單的情況並不多見。一方面從來沒在這麼多球迷面前登板投球，一方面終於站上夢寐以求的舞臺，又有表現不好、隨時可能回到2A的壓力。所以第一次登板我的腦袋一片空白，緊張大於興奮。

大聯盟強打者雲集，老實說，前幾次對決都很緊張，因為沒有遭遇過，會擔心自己的能力不足、無法承擔。不過久了就會熟能生巧，再加上經驗告訴自己：「你可以做到！」甚至會產生興奮。人對未來感到模糊時就會不安，但只要有成功的例子，持續複製成功經驗的話，興奮感就會大於緊張感了。

不死鳥反覆征戰球場

二〇〇九年，我遭遇了所有棒球投手都害怕的大敵——投球失憶症，簡單來說就是投手無法控制球的方向，通常將主因歸咎於選手的心態，因為過度緊張，導致球還沒有出手，就已經在擔心失敗、擔心暴投、擔心丟到人。因為太害怕失敗，所以沒辦法享受挫折。

我試過很多方法，既去教會祈禱，也透過在不同場地模擬投球，例如在人來人往的百貨公司，路過的人可能會覺得莫名其妙、為什麼在這裡傳接球？但為了克服投球失憶症，我必須專注於當下，無視別人的指指點點。

在職業棒球場上，幾乎沒有選手不受傷的，我也不例外。因為我的個性很拚，在投手丘上常常毫無保留地飆球速，加上不喜歡輸給別人的感覺，別人丟一四五公里，我就想投到一四八公里，只贏一點點也好，但這樣很容易造成運動傷害。

●每次受傷都想著再拚一年、再拚一年

我的手肘開過好幾次刀，每次受傷休養都是一次學習，並不是開完刀就好了，運動選手要面對的是漫長的復健過程，讓身體狀況恢復到開刀前的水準。受傷一定會產生負面想法，而我會試著往「找到對的方法」去調適，每一次受傷都能找到更適合自己的復健、不復發的方式；另方面也讓我的心態有所轉變，從一開始想著要成為有名的選手、去大聯盟賺錢，到多度受傷後，只求能「重返投手丘」就好，不想讓努力白費，每次受傷都想著再拚一年、再拚一年，沒想到就這樣打了二十年的棒球，或許「不死鳥」的綽號就是這樣來的？

多次受傷的經驗也讓我知道，計畫永遠趕不上變化，讓我更專注於眼前。就算我多麼想打球，當下的復健工作沒做好，重返球場就是天方夜譚。對於未來，我有規劃、我有目標，當下的規劃未必是最終目標，不過一定要在其中找到喜歡的東西，進而延長到實踐目標的規劃裡。而且目標必須是彈性的，我不喜歡被太多制式的東西綁住，像我二十歲時覺得退休就是要當教練，但現在反而不喜歡。隨著人生際遇擴展，我們的人生規劃一定會跟著調整，這是一件好事。

結束旅美生涯之後，原本是想退休的，因為奮鬥了十幾年，身心靈都有一定程度的疲累，卻突然興起想跟臺灣球員分享旅美經驗的念頭。後來透過經紀人的幫忙，簽了三年的保障合約，讓我順利加入中華職棒。回臺打球對我來說是很開心的，不像在美國打球必須長途移動、一年要打一百六十二場比賽，在臺灣有家人朋友、又不用遠程交通，一年只打一百二十場，對身心而言都是比較輕鬆的。

唯一會做的事：就是把球打好

從小到大我只會做一件事情，就是棒球，所以我對自己的要求就是：「如果你只會打棒球，那就一定要做到最好。」唯有把棒球打好，我才能得到快樂。沒有任何行業是簡單的，不管踏進哪一個行業，都一定要找到其中的樂趣，摸索出維持熱情的方式，不然很難持續下去。

我從小就比較喜歡打擊，但我投球投得比較好。很多人都認為打棒球需要

● 攝於花蓮縣立棒球場

天分，我是絕對肯定這個說法的，但成就一定是努力來的，有天分只是讓邁向成功的效率稍微高一點點。我自認很有天分，不過我也花了許多心思在投球這塊，靠著努力才能成為職棒球員。

這世界上沒有人喜歡失敗，我當然也是。在過程中一定有疲憊、想放棄的時候，就像我現在照顧三個孩子，偶爾也會很累，但都是自己的選擇，看到他們可愛的樣子、回顧我過去三振打者的精彩影片，就會重新找回我的熱情。

有一句老話說：「棒球賽就像人生。」對投手來說，如何適應好球帶就是最好的譬喻。比賽時偶爾會碰到無論怎麼投，主審都不判好球的情況，我們很難去改變主審的好球帶大小，只能隨機應變。無論在臺灣或美國都一樣，遇到事情了就要學著去適應，不要讓當下的不愉快影響到表現，等一局結束後再去罵、再去抱怨都可以。

人生哪有不起起伏伏的？最重要的是「我如何看待我自己」，無論我做什麼事情，一定有人覺得好、有人覺得不好，對我來說，將這件事情做到最好、不要讓後來的自己後悔自責，就是最重要的。

●創立郭泓志運動發展協會

學生回饋
FEEDBACK

張仁德

物理系■四年級

成功的秘訣

平常並沒有關注運動比賽，但也會聽聞過長輩、朋友們對棒球話題，郭泓志不免出現在話題中，大概也知道他在球迷們中的心目地位是多麼崇高，免不了對他本人有著傳奇般的想像，充滿著自信與堅定意志。在這次聽完演講發現跟想像中的人格特質完全不同，他就是個普通人，心思單純的普通人。

「我只會打球，所以就要做到最好。」「我在球場上就是毫不保留，能丟多快我就丟多快。」

這些話使我回想起教授之前分享成功的秘訣就是心思單純，描述講者再適合也不過了。這些有成就的人，都不會去斤斤計較得失，唯一的目標就是竭盡所能，拚盡全力，不留遺憾。而每一次的拚盡全力，都使他們距離夢想更進一步。

人人都有夢想，但鮮少有人能夠實現。我們往往對自己沒有信心而不敢踏出那一步，然而就是不敢去嘗試而使我們畫地自限，不斷的自我懷疑，而不敢全心投入。如同心理學自證預言的概念，當你真心相信自己能夠做到，你才有機會做到，才有勇氣去嘗試，為自由的理想拚一把。

我想，很多時候我們並不知道自己有沒有能力達成，但沒有拚盡全力，就不知道自己的極限，逼不出自己的潛力，自然沒有辦法成長。多年過後，依然還是在自己的舒適圈生活。

「豁出去，用力丟就對了。」這句簡短的話是我在這場演講中最有感觸的一句，雖然都演講都在回覆問題，沒有直接的說到這一句，但作為講題，非常貼切的描述了他的運動傳奇。在這競爭的球場中，每個人都為了自己的理想奮鬥。在茫茫人海中，當自己只剩下棒球，不傾盡全力就是一無所有，賽場上的熱血與殘酷，又與人生中的追夢有何差別呢？追夢不會一帆風順，唯有在一次次的困難中拚盡全力，才會離夢想更進一步。

面對失敗

投球失憶症主要源自於內心太過害怕失敗，而無法承受挫折，講者如此般的說著。這是我第一次聽聞到這樣的症狀，才意識到運動員在球場上的壓力不僅關係到個人的職業發展，更是無數粉絲甚至國民的寄望。每位選手都肩負了無數在背後支持的人，如此想來，這壓力是何其之大。

「像之前投不好，家裡也是有被丟雞蛋過，家人也滿傷心的。」當自己表現不好甚至會連累到一直背後支持的家人時，那種沉重感，肯定難以承受。每個人都想在球場上發揮自己最好的表現，而就如同講者反覆說的：「人生總是起起伏伏。」我們永遠沒法去控制未來，即便已拚盡全力，最終可能還是事與願違。

雖然自己不太可能做出這樣的行為舉止，但這段話讓我去反思球迷們在網路上不負責的評論。網路的便捷，使得大家都能輕易的抒發自我觀點，這是言論自由的好處，但無形之中，卻給了社會少數分子莫大的壓力。我想，這並不是我心目中自由的榮景，而是得寸進尺的不當行為。

「當時做了很多嘗試，像是在百貨公司投球，在人多的地方做些無理的事情，讓自己勇於面對大眾。」其實自己光去想像這幅情景就覺得心酸，儘管講者自己非常害怕這些壓力，但依然勇敢踏出陰影，面對社會大眾的指指點點，找回自己的那一份自信。雖然只是拉上家人在百貨公司做這種事情，但若是我，平常根本不敢接受陌生人的眼光，沒有勇氣堅持下去。

不少同學都問到球場上的自我調適，還有對於外界的看法，而講者的回答都差不多：專注於當下，重要的是自己如何看待自己。這也跟非常多講者的觀念一致，人是群體動物，永遠沒有辦法脫離群體生活，也因此會非常在意他人的看法，尤其現在網路的發達，更容易看到他人對自己的種種評價。要說不在意嗎？肯定是難以做到的，真的需要堅定的自信與不間斷的練習才能夠實現。

上面的回答著重在個人內心的轉變，但，很大的程度上，社會對待表現不好的也會對個人造成影響。「在美國，當選手表現不好時，教練會上場關心你，跟你聊聊天，讓你放鬆一下心情，重新振作起來；而在臺灣，當選手表現不好時，教練會嚴肅的對待，甚至責罵，以至於開始擔心下一次的表現。」講者說到這時我才發現原來臺灣與美國在這方面的態度是如此截然不同。

在教育上，不少地方都能看出臺灣不容許犯錯的價值觀，從家庭教育到升學考試，都在教導我們不要犯錯，卻沒有提到如何面對失敗。沒想到，在球場上會是如此鮮明的對比，也讓我開始反思生活中諸多的價值觀，不管是源自於家庭還是社會，其實都有必要自我省思，是否有過於偏頗卻習以為常。

面對低潮

如何面對低潮，一直都是學生常常發問的問題，畢竟人生總是如此的無常，挫折不會等你準備好才出現，往往出現都會使生活走調，陷入心靈的囚牢。「表現好時就好好享受當下，記住當時的感覺，表現差時，要找出讓自己維持熱情的方法。」講者接著說道：「當我陷入低潮時，我會回去看自己以前的影片，重現當時的情境，感受當時的熱情。」

熱情，似乎有著無窮的能量，無論多麼差的處境，都能夠使你繼續往前。讓我想起吳重雨校長當時也非常強調的：熱情與理想，是一張能夠讓你抵達任何目標的悠遊卡。他的一生中，用這張悠遊卡寫出了豐富的人生經歷，能夠始終如一的堅持自我是令人如此的嚮往。「熱情對於各行各業，都是相當的重要的。」講者如此的說道。熱情，能夠點燃夢想，也能夠在低潮時給你力量與方向，重拾信心，再次迎接挑戰。

人生總是起起伏伏，也唯有堅持到底才能夠成就自我。「只要堅持到底都會是好的，不論名利得失的話。」這句是讓我最有感觸的一句話。如同之前林生祥教授說的：「好的壞的，最終都會回到自己身上。」對於賽場上的選手們，表現不好，陷入低潮，可能要面對的是無數的粉絲與網友的指指點點，排山倒海的網路評論。但若鼓起勇氣坦然面對，接受自我的不完美，靠著對於棒球的熱情渡過這段低潮期，反而會有不少的收穫與成長，甚至是進化。如今他人在臺上的光芒萬丈，是因為曾經背後的咬牙堅持。

講者描述因爲在球上都沒中保留，當初也頻繁地進出醫院，在心情上有過不少掙扎，可能面臨受傷太過嚴重而提早退休，抑或是長期的復健而浪費了自己的時間。反覆的面對未來的不確定性，讓他意識到自己的心態需要做出改變，他說：「你需要把這些負面能量，轉變為找出解決辦法的能力，為了不要白費之前所做的努力。」

在這些復健過程中，他也累積了不少經驗與相關知識，不僅讓他能夠更回快速的恢復身體機能，也為他退休後的人生打下了基礎。心情調適往往也是最困難的一關，倘若能夠轉換觀點，在困難中有所學習與成長，最終往往會有好事回饋自身。

總結

這次也是很難得的機會能夠邀請到如此有名的棒球國手，在美國經歷了人生的風風雨雨後，回來分享自己的寶貴經驗。我想，在演講中三個收穫分別是：成功的秘訣就只是心思單純、社會對於失敗的偏頗認知以及面對低潮的觀念轉變。雖然都並不是第一次聽到類似的觀點，但在不同人生上的經歷，也會有不同的參考價值，提供自己更多面向的視野。

大清華傳媒股份有限公司總監製

馬天宗

馬天宗為跨界製作人，曾參與劇場、電影、電視劇、音樂紀實節目、音樂節等各領域工作，於娛樂暨文化創意產業工作超過三十年，熟悉各種文化創意及娛樂項目。在美十三年間曾參與三部太陽馬戲團及近百齣百老匯之製作、美國迪士尼遊樂園、遊輪專案以及多部電影的拍攝。並於母校美國耶魯大學戲劇學院擔任研究所師資六年。

曾創辦Legacy傳 音樂展演空間、牽猴子整合行銷、英雄旅程等文創產業公司，現為中子創新生活事業群總經理、Legacy傳 音樂展演空間董事長、大清華傳媒總監製、闊世電影股份有限公司負責人、國家電影及視聽文化中心監事。

只要我長大——不被焦慮綁架，該如何看待「成長」這件事

就讀清華核工系的我，在第一學期開始時，就幾乎要放棄了。當時上了一學期的課程之後，我以為核工系畢業的學生，就是要到核電廠盯著儀表板上的一個指針：指針必須要指在1，如果小於1，就不會有連鎖反應；如果大於1，就會有災難發生。

想到畢業後只能在核電廠看著指針的工作，感覺起來滿無聊的，所以大一時，我就徹底把核工系的課業放在一邊，大二升大三的時候，我跟父親說想轉去就讀臺大社會學系，父親堅決反對，但我堅決要轉。雖然我的心理學和人類社會學拿到高分，但國文作文只拿到五十分，所以轉學不成，只能乖乖回清華。當時父親跟我說：「你先把清華念完，以後要做什麼再說。」聽父親的話，我回到清華，但也沒念書，我的功課很爛，一直到畢業典禮前一天晚上才補考完，教官跟我說：「你明天可以來參加畢業典禮了。」說實話，父親要來參加畢業典禮，所以在教官向我傳達這個消息之前，我都不知道要怎麼跟父親說——如果他隔天來畢業典禮，發現我沒畢業……這事情讓我畢業前一天還在煩惱，知道可以畢業，如釋重負，晚上跟朋

友在學校外面喝得爛醉，直到畢業典禮開始，大家都已經在遊校園了，我才趕緊回宿舍換上學士服，見過父親之後，再去參加自己的畢業典禮。

〈只要我長大〉是一首我小時候的歌，當時還是小朋友的我，聽到這首歌感到相當疑惑：為什麼只要我長大，家事就不用擔心？長大的意思就是要去做家事嗎？那家事要怎麼學習？家事有哪些事情？煮飯、擺餐具、打掃等等？為什麼哥哥、爸爸去打仗，我要在家裡做這些？為什麼我不能去打仗？這首歌跟了我很多年了，即便我現在已經長大了，仍然在面對這個問題：我該怎麼樣才能長大，長大後要做什麼？

「只要……」的背後，有夢想就一定會成功嗎？

我想在這個世代，很常聽到這句話：「只要堅持，夢想就會成真。只要努力，一定就可以成功。」我因為工作跟電影、戲劇、音樂有關，常常可以跟很多年輕人相處。我觀察這些年輕人，他們剛畢業時都胸懷大志，很想在社會一展長才，對未來的夢想抱持肯定的態度，但是到了三十歲左右，就會發現他們變得憤世嫉俗、懷才不遇或是變成酸民。

我以前認為這個deadline和三十歲這個關卡有關，但近期有年輕化的趨勢，我跟很多人談過這個話題，都不知道為什麼會發生這種情況。直到我看了在比爾蓋茲二〇一五年書單上的一本書*The Road to Character*，它講到過去十五到二十年，在畢業典禮或開學典禮都會有人跟年輕人說：「你一定要堅持，只要堅持就可以夢想成真；只要努力，就可以成功。」但這並不是真實的全貌，真正實際的畫面並不是說如果有個夢想，你去追，就一定會成功，或者只做我愛做的事情就可以滿足、成功了。真實的世界不是長這樣，不會因為你有夢想，大家就會為了你把路鋪好，讓你好好走。在這條路上，你還是會遇到很多人朝你丟石頭，這些丟石頭的人可能是你的親人、你的朋友、你的兄弟姊妹，或是你的情人。路上還是會遇到毒蛇猛獸，那個時候要怎麼辦呢？

如果我們以為有夢想就可以成功，那麼假設我的夢想是音樂，所以我就不學數學；我的夢想是經營咖啡店，所以我就不學心理學嗎？這些想法是有偏差的，也就是說，很多站在我這個位置的人，都會跟你們說，一定要堅持自己夢想，但這個論述是不完整的。完整的論述應該是：「這條路不會因為你有夢想而比較平坦，我們應該學習解決在這條路上會遇到的問題。」

以前學生數學學不好，就要寫一百道數學題目；書念不好，記不起來，就把書背起來；邏輯不好就要去學習拉丁文，因為拉丁文的文法有數十種變化。為什麼要這麼做？這都是在訓練我們各種解決問題的技能，因為大家在日後都會遇到問題，需要有解決的方法和技能，不是只要堅持就可以。如果大家都相信堅持就會成功，守株待兔也是一種堅持，每天都在樹底下等一隻兔子出現，也算滿堅持的。但是，只堅持不努力的話，就只是守株待兔；只努力不堅持的話，就是逢場作戲。今天玩一下A，明天玩一下B，這其實都是逢場作戲。

在我們那個年代，不會覺得三十歲不成功會怎麼樣，但是現在這個時代，年輕人會覺得三十歲前沒成功就沒機會了，其實我們那個年代成功的人大都是四、五十歲的年紀，人生還有很長的時間可以成功。對現在這個時代來講，有太多創業者年紀都很輕，各自都有成功故事，有二十幾歲就成為億萬富翁的。所以對現在的年輕人來講：如果二十八歲不成功、三十歲不成功，就會變成一種焦慮。也許這些焦慮已經深植於日常生活當中，進而產生相當多問題。

我看過一本書叫*Scarcity*，它主要在談論缺少性，人們在缺少的時候，會產生一些奇妙的現象，像是你我都有可能曾經遇過：上某門課，學期末要交一份三千字的報告，你可能就會想說還有三個月，慢慢寫就好。過了一個月之後，想說還有兩個月，還可以想一想題目，仍然慢慢來。剩下三個禮拜的時候，突然發現糟糕了，一定要趕快寫，時間不夠了。接著就會進入這個狀態：把門關上，準備很多泡麵、咖啡或可樂，不眠不休地寫了一個禮拜，然後把這份報告交出去。在心理學上，你進入了一個狀態，像是進入一個隧道，這個隧道裡面，看不見別人，只看得到隧道盡頭的光，你會往那道光一直前進，這是一種很專注的狀況。在隧道裡會激發你的潛力，讓你學會專注，然後你把報告寫完了。這是一個好事。但碰到缺少性的時候會遇到其他的問題，你進入隧道內，看不到其他東西，包括隧道外的東西，可能家人打電話給你、可能發生了很有趣的事情，但是因為你在那個隧道裡面，所以你看不見，人會被隧道的狀況或是缺少性追著跑。

心理學家曾做過一個實驗，以曾經紅極一時的手機遊戲「憤怒鳥」為例，你用彈弓去彈一隻憤怒鳥，牠會把房子弄壞。基本上這個實驗有A、B兩組，A組只有三隻憤怒鳥，B組有七隻憤怒鳥，實驗結果是，A組每隻鳥的平均得分，基本上都會比B組還要好。這就證實了剛才所說的道理，在資源有限、時間只剩下一個禮拜的條件下，我們會很專注，每一隻鳥都會節省地使用，讓分數很高。但是，當心理學家給A、B組一個限制，就是每一隻鳥必須在五秒內射出去的時候，兩組的分數都降低了，而且降低的程度高達七成以上。在沒有設定這個限制之前，每一隻鳥射出去的時間，也沒有高於五秒鐘，但是一設定時間限制，A、B組的人就想：「糟了，只剩五秒鐘，要趕快把牠射出去才行。」

人一輩子常常會碰到這樣的問題。很多人缺少時間、有些人缺少愛、有些人缺乏自信，但是越缺少的時候，不但你會掉入那個迴路中，還會看不到周圍發生了什麼事，然後你被缺少的東西一直追、一直追，而你就一直跑、一直跑，或是他在前面跑，你在他後面追，一直追、一直追，但怎麼樣都追不到他。這也是大家在這個世代會覺得比較焦慮的原因，因為有太多在年輕的時候就取得成功的例子，讓我們形成極大的焦慮。

一萬小時的啟示

我曾閱讀過一本不錯的書，名為《異數：超凡與平凡的界線在哪裡？》，是我的兒子就讀大學時，推薦給我的。

我看了之後驚為天人，書中最有名的一詞，是一萬個小時，意思是，如果你要因為某件事情而變得很厲害，想要成為師父等級的人，需要一萬個小時。關於這個論點，作者提出了一個案例，研究團隊請茱莉亞學院的老師將剛進入音樂學院的學生分成三組，一組將來有機會參加國際大賽並得名，另一組以後可以進交響樂團，最後一組學生是到高中當音樂老師。他們發現第一組學生的練習時間大都已經超過一萬小時，第二組大概是八千小時，第三組是六千。

另外這本書還以披頭四為例。披頭四是英國利物浦的樂團，他們每一年都要去漢堡做演出，在漢堡的演出很特別，是在一間Bar裡頭，從早上一直演出到半夜，持續到凌晨，不斷地演出，不管臺下有沒有人，都要一直唱。他們連續去了四、五年，他們每次回來，利物浦的其他樂團就發現披頭四變更厲害了，他們到底是去了哪裡？做了什麼？還是偷偷學了什麼東西嗎？其實並沒有，因為他們面對的是臺下一個或兩個觀眾，最重要的是他們可以面對自己。在那時候對自己練習、對自己反省、對團隊練起默契，很快就到他們的一萬個小時。

一萬小時是什麼概念呢，勞基法規定一週的工時四十小時，學生上課加做作業的時間大約是二十到四十小時，那一萬小時大約就是二百五十到三百週，也就是五到六年。如果一週效率沒那麼好，大約需要七到八年吧！但如果用功一點，也許三到四年就可以完成，但每週就要做快六十小時。

我認為，一萬小時有兩個啟發的層次，第一個是需要一萬小時不斷地練習才能得到某一種技能，另外一個層次是這事情也急不得，我二十五歲去美國念書，二十八歲畢業。我一直到三十二、三十三歲時都在同一家公司，是做百老匯的布景、機械控制、燈光、特效等所有製作，眼睛看得到的東西就就是我們公司負責的。公司在全盛時期有三百多個工人在做布景、做特效。記得有一天，我走在工廠的地板上，正在看工人今天的進度到哪裡了，突然有了一個頓悟：「我懂了！我懂劇場在幹什麼了！我知道導演在幹什麼了、我知道表演在幹什麼了、我知道舞臺設計在幹什麼了，我全都懂了！」我待了七、八年的劇場，就好像瞎子摸象，有人從腿開始摸，有人從鼻子開始摸，我摸了七、八年忽然覺得我都懂了。我一直不知道那個瞬間發生了什麼事，直到我兒子介紹這本書給我，這才知道，原來我達到了一萬小時，我就懂了。

我近期也看了另一本書，它在講一位量化交易之父的故事。所謂的量化交易，就是純數學，以數學跟資訊的模式去量化期貨和股票，所有交易資訊都放在電腦裡面，接著分析，如果用現在的角度來看，就是大數據。量化交易這件事情從七〇年代就開始了。最早是由數學家蒐集數據，寫軟體、寫公式，然後把事情變成可分析的。以他們的角度來說，假如股票資訊在這個市場被創造出來之後，提供一個數據，就可以不用去管那個公司的基本面，也不用去管公司的其他事情，他們當下所記錄下來的數據，包括天氣，都是交易的考量。量化交易之父叫Jim Simons，他這些年累積的財富大概比巴菲特或比爾蓋茲都來得多。Jim Simons是一位數學家，他在哈佛念博士、麻省理工教數學，然後去Stony Brook（石溪大學）當數學系老師。他四十歲時才創辦第一個量化交易的公司，創辦後又經歷了十年的掙扎，因為交易失敗、破產、投資人把錢拿走，一直到五十歲才找到量化交易的獲利方法。在這十年當中，大部分的同事都來自他數學系的同學，而且都是一些有名氣、發表過知名論文的人，他們大約都是在四十六、四十七、五十歲時進入Jim Simons的公司。他也花了不只一萬個小時才成功。

很多人在提到《異數》這本書時就會提到一萬小時，但我自己最喜歡的是《異數》的第一章，它介紹了Matthew Effect（馬太效應），說的是成功是隨機的（arbitrary），成功不是只有一條公式或一條道路的。

書中舉了加拿大為例，加拿大是一個冰上曲棍球非常興盛的國家，他們在少年時期就會去參加曲棍球的訓練營，少年、青年、高中、大學等，都有不同層級的訓練營。很多國手都是從青少年營、青年營、大學營順著走過來，直到變成職業級。但現在來看看加拿大幾十個職業冰上曲棍球隊的數字；當然啦，書裡講的循序漸進，但我就直接說出答案，這數字一拉出來，大部分選手都集中在一、二月出生。為什麼會集中在這個月呢？因為加拿大政府規定進入少年營的人要以每年的一月一日作為時間的截止點，就像我們入學的時候，八月三十一日之前出生的是在這個學年的，之後就是另一學年的。

為什麼會集中在一月或二月呢？因為在這個月份出生的小朋友，相對會比同年年底出生的小朋友要多上十個月的冰上曲棍球的經驗，也多了十個月的成長。如果仔細看，小學三年級的時候，十個月的身材之差會很大。所以呢，一、二月出生的選手，因而身材比較高，比較有機會進入到少年營，而進入少年營才更有機會進到青年營，也因為進入青年營，才能進入更高深的營隊，進而被職業隊選上。我知道聽起來很像胡扯，但書中還舉了另一個例子：美國職棒選手也是，因為六月舉辦棒球營，所以很多有名的選手是出生在七、八月。不管是一月、二月，七月還是八月，是來自某個偶然的決定，許多人是成功還是不成功，也偶然地因此決定了。

「只要我……」什麼是成功？什麼是快樂？

什麼是成功？我分享一個小故事。

以前因為工作的原因需要經常到國外出差。我曾在美國住了十幾年，卻對歐洲很陌生，第一次去歐洲也是做表演與影像相關的工作。

當時我跟朋友在一間非常傳統的義大利餐廳吃飯，之所以形容為非常傳統，是因為爸爸是廚師，媽媽負責端盤子，兩個兒子負責打雜，因為義大利人最早要八點後才吃晚餐，通常餐廳九點後才會開始營業，我們吃到十二點，因為用餐時間比較久，我們因此多了許多聊天的時間。我問了餐廳主人年屆十六歲的兒子：「長大以後要做什麼？」他的回答讓我一輩子難以忘懷：「想要當麵包師傅。」現在很多人聽到這不會覺得這有什麼大不了。從現在的社會狀況的確沒什麼大不了，畢竟我們也有了揚名國際的麵包師傅，但二十幾年前的我聽到卻非常驚訝：或許是因為家裡開餐廳的關係，他的父母也覺得沒什麼。另一個十四歲的弟弟，我問他一樣的問題，他說想要街頭表演。

反觀我們可能比較不一樣，答案可能是只要我長大、只要我有錢，或是說只要有流量，也許流量在現代已經能夠變成現金了，所以大家現在都搶著要流量。所以到底什麼才是成功？在我們被迫去做某些事情時，成功有可能是被某幾個框架定義。

在疫情期間，我很常跟兒子通訊，因為兒子在美國放無薪假，同樣的，我也很焦慮，因為我也有一個音樂展演空間品牌Legacy，在臺北、臺中都有演出場館。因為疫情的關係，Legacy已經很久沒有收入了。有一天和他視訊通話，我問他：「現在放無薪假，你都在幹嘛？」他說：「上網路課。」我也被他鼓舞，決定也來上個網路課好了。

我的母校耶魯大學有一門課叫快樂學，是一門全世界熱門的線上課，一堆人預約，每次上課名額都全部爆滿。這門課有被寫成一本書，裡頭提到社群軟體是年輕人交流的主要媒介，但也是造成年輕人焦慮、不快樂的主因。

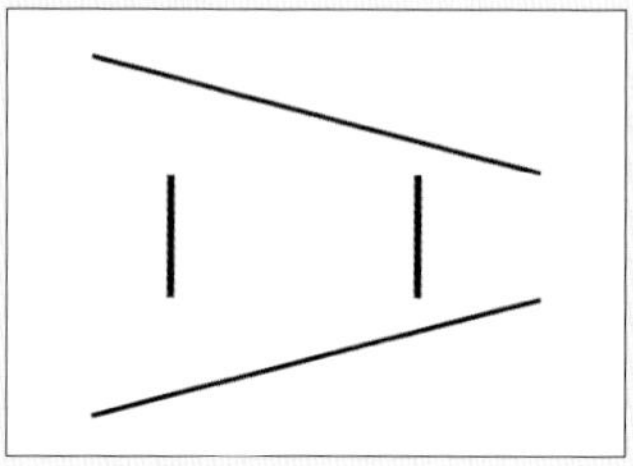

• Habits of Comparison

以上這張圖，兩條豎線其實一樣長，但是人的眼睛就會不自覺地覺得右邊的比較長，左邊的比較短。由此可知，人是會不自覺地比較的。人有許多錯覺，這是其中一個。快樂這件事呢，來自哪裡可能也是個錯覺。如果快樂是建立在比較上的話，那我們就會很常不快樂。

二〇〇四年，在我開始規劃「簡單生活節」之前看了一本書。書中提到，從五〇年代到二〇〇〇年，美國人的收入雖然逐漸提高，所以大家也普遍認為美國人比較快樂，或是美國人是文明的指標，但出乎意料之外，他們的快樂值並沒有因此而成長。有很多不快樂的事來自於比較，但也有可能是我們追錯東西了。比如說，成績很好很快樂、愛情很好很快樂、錢很多很快樂，或許工作不錯很快樂，但這可能不是快樂，也許我們追錯東西，也或許我們根本就不應該追。我三十七歲時回到臺灣，開始美國、臺灣兩邊跑，有一天，兒子在畫「我的爸爸」這個回家作業時，他畫我拿著一隻手機。當時的我無時無刻不在打電話，有一天朋友問我在追什麼？我跟他說自己就像一個小朋友在追紅氣球。紅氣球代表幸福與快樂，然後一直追、一直追、一直追。我的朋友是念藝術的，思維跟我不太一樣，他跟我說：「你要不要慢一點，也許快樂就在你的後面，是它在追你，你跑得太快，它反而追不上你。」快樂可能是我們追逐的事情，但快樂不應該用追的，也許應該是你要慢一點，讓快樂可以追上你。

這本書後面講的是因害怕產生的憤世嫉俗，因為焦慮產生的偏激，而焦慮來自於現況與期待不一樣，現況與期待是有距離的，兩者的差距中間有一條橡皮筋，橡皮筋拉得距離越大，表示你的期待與現況相距越遠，而你的焦慮也會隨著張力越來越大。在這種情況下，通常會有兩種現象：第一種是把期待值變小，讓這個焦慮張力變小，第二種是讓自己的現況往期待值靠近，然後讓焦慮變小。大部分人會把期待值變小或維持現狀，然後不斷地感到焦慮，不知道該怎麼調整。這種人會變得相當偏激、憤世嫉俗，或是變成酸民。二〇〇六年做簡單生活節時，曾為了改變大眾對「成功」的既定印象提出了一個口號：「做喜歡的事，讓喜歡的事有價值。」這兩句話當時引起不小的影響，造成許多年輕人以這個口號為指標。現在還有許多年輕人在用。

要如何長大，得先把焦慮放一邊

到底要怎麼長大？到底什麼是成功？首先《異數》講到成功是隨機的、成功需要一萬小時，這兩點合在一起代表一件事：成功沒有捷徑。一萬小時沒有任何捷徑可以把它切短，而且成功是隨機的，不會每次都到達你想要的地方。如何長大？我的建議是不要焦慮，先把焦慮放旁邊。如果有焦慮，就會被我們身旁缺少的東西影響，比如說時間、金錢或自信感，使我們在焦慮時做出錯誤的決定。

所以第一件事情就是把焦慮拿掉，第二件事，把比較拿掉，比如在公司裡，常會使用SWOT來分析強項在哪裡、弱項在哪裡，還有我們的機會與威脅。這是一個大家習以為常，只要寫報告、企畫或年度報告時，都會寫的分析。SWOT的本質是競爭，是比較。

有另一個分析方法，叫MBTI測驗。MBTI是根據瑞士心理學家榮格的理論基礎發展出來的，他是跟佛洛伊德同時期的心理學家，但他跟佛洛伊德的走法很不一樣。許多全球性的著名企業，譬如IBM、可口可樂、迪士尼等等，在入職當天都會做MBTI測驗，它不是入職時的考試，而是入職之後的一個性向測驗。

這項測驗依四個指標可以分析出十六種人格，第一個分析，看你是外向的人還是內向的人，若是被分到內向人一群，就代表你比較孤僻、不愛交際嗎？實則不是。這個測驗是以每一個人獲得能量的方式來做分析，藉以發現自己是什麼樣子的人。有的人可能可以透過獨自看書或做作業就能獲得能量，就像我學到了某種知識就覺得自己充滿了能量；但有些人分析出來是屬於外向，他便需要出去交際應酬、聊天、說服很多人，就會覺得自己很棒，能量的來源就是自己很優秀、說服了很多人。所以I（內向）跟E（外向）的人很不一樣。

第一項指標的I與E代表能量和精力支配。接著是分析你怎麼認識這個世界，是感覺派或直覺派，也就是測驗中的S（實感）與N（直覺）。再來是判斷事物的方式：思維T跟情感F。最後是生活態度：判斷J與知覺P。我的測驗結果是INTJ，也就是我跟自己相處會比較開心，自己一個人看書比較能獲得能量，獲取資訊的方式較直覺，比較不是以周圍的人的感受來獲取資訊，當然我做決定的方式是比較理性的而不是感性的。有的人比較衝動、比較愛朋友、比較易怒，做事情就是比較情感性的。

許多大公司幫員工做這項測驗，為的不是去測量他們的優劣，而是讓他們了解自己，因為了解自己之後，才可以把現況與期待值之間的距離變小。因為了解自己，所以比較不會用競爭與比較的方式去滑臉書，看看自己的日子過得比誰好、吃的食物比誰美味，來獲得成就感。MBTI的本質是了解自己，和他人互補。所以要長大，就得先把焦慮放旁邊，了解自己比了解其他人更重要。

而第三件事是要有邏輯。我的同事常跟我說：「你看Google公司有供餐、有彈珠臺、有睡眠艙、有AV影音室，這樣多好啊，我們如果工作完就可以混一下，然後創意就可以冒出來，公司之所以偉大就是因為有彈珠臺啊！Pixar和迪士尼動畫公司也一樣。你看他們都有，那我們也要有。」但是請仔細想想，這件事情從邏輯上看來，應該不會得出這個結果吧？你不會因為有彈珠臺、吧臺、桌球臺、員工餐廳可以使用，就說自己是Pixar或Google的員工吧？我們可以反過來想，那會是哪些東西呢？

我舉個平常會遇見的例子，類似前面所提到的長度錯覺。這是一個關於行為學與心理學的理論，叫「損失規避」（loss aversion），也就是有些人在股票市場跌了就會不肯賣，漲了就會趕快買，大部分的人會說這是非常不理性的方式，但是為什麼還是有這麼多人傾向這麼做呢？因為大家心裡都有損失規避心態。比如說，在賭博輸錢時的不滿程度會是贏錢時快樂度的兩倍。所以大家碰到股票賠錢時，就會立即把它賣掉，不想一直賠下去，或是不肯賣，為的是不去面對這個現實，這些都叫損失規避，我們在日常生活中很常遇到。

另外一個呢，叫「錨定效應」（anchoring effect），即你的判斷會受到最初訊息的影響。打個比方，當你的同學跟你說這個東西定價為七十元，之後你去雜貨店，老闆卻賣你七十五元，你就會覺得好貴，若是老闆賣你六十五元，你就會覺得撿到便宜了，但有沒有可能這個東西只有三十元的價值，只是因為錨定效應發揮作用：第一印象直接綁定了我們思路。

諸如此類的例子很多。再舉個例子，大學選課時，聽說某門課有五十個人選，感覺上課人數這麼多，應該不會被當，結果你一到教室，發現現場只有二、三十人，覺得人好少，或是超過一百人，讓你覺得超乎想像，只因為你原本獲取「五十」這個數字有可能是錯的，這就是第一手資料給你的錨定效應。

另外一個效應稱為「鄧寧—克魯格效應」（Dunning-Kruger effect），簡單來說，就是覺得自己的比較好。因為我正在學快樂學，所以快樂學對我來說比較重要；因為我在學行為學，所以行為學對我來說是重要的；因為我看過這本書，所以我把這本書推薦給親朋好友，只因為這本書對我而言是重要的，也就是自己有的、自己做的都會比較重要。

上述這些效應都是邏輯的對手，在長大的過程，我們常跟邏輯過不去。因為太相信自己，但會因錯覺而對真實世界有了誤解，產生莫名的焦慮感，這些都不是我建議的成長方式。

思辨的重要

在這裡介紹另一本書，書名叫做 *Enlightenment Now*，大意為相對於啟蒙時期，在科技的發展下，人因此變得較為理性、科學嗎？還是並沒有？世界到底是變得更好，還是變得更不好？有些人會覺得世界越來越糟，年輕人一代不如一代；有些人會說世界越來越好，GDP越來越高、死亡人數越來越低……到底這個世代是好還是壞？

我有一位清華學長，建立了一個「393公民平台」，原因在於現在許多議題都因為政治意識形態，而無法進行理性的溝通，造成很多該討論的事情沒被討論。我也因此對於這件事有很大的反思。

許多公共政策議題不是由理智或是科技決定，而是由政治決定。這件事情不只發生在臺灣，因為政治而引發反智的問題、因為權力所產生的傲慢，是有識之士所擔心的事。以川普當選總統來看，他有做好事，同時也有做壞事，與他處於不同政治立場的人，會說他是笨蛋，雖然這麼說不理智，但似乎比仔細檢視他的好壞來得容易多了。扣一個帽子、給他一個顏色，比較能解決大家在現實生活中的焦慮，因為有了出氣的對象。政治反智與權力傲慢都不是導向邏輯的好事，民主本質在於追求真理，而真理是越辯越明，代表我們要能進行理性的溝通，但同時也要有科學的方法，比如蒐集數據、提出理論、做實驗等方法來驗證。科學的驗證跟真理的追求兩者有很大的關係。

二〇〇四年左右我看了一本名叫《菁英的反叛》的書，這本書主要在講因為知識分子、學者專家崇拜自由主義的關係，導致對於自己意識形態的擁護，造成民主問題沒有被討論、沒有被溝通。這件事情不只在意識形態的對立，也在貧富階級的對立與教育失敗上造成影響。

我看了這本書之後，深深佩服作者，為什麼他可以把現代碰到的問題講得這麼清楚？何況這本書是一九九四年出版的，對於現在的臺灣與美國現況都詮釋得相當透徹。

舉幾個自由主義與菁英主義的例子，最常見的就是分離主義。我們都會說要維護彩虹、維護弱勢。但美國和臺灣都曾發生過類似事件，比如說我們支持愛滋病人權益時，選擇捐錢蓋一座愛滋病醫院，並請愛滋病人住在那裡，但這就是在維護他們的權益嗎？若這些愛滋病人要住在自家樓下，大家會願意嗎？真正的知識分子與菁英不應該有這個態度，因為這是分離主義的態度，再說白話一點就是：我給你錢，然後你給我離得遠遠的。

一個菁英不應該這樣，而是應該在這些患者有需要幫助時，面對面地提供其所需要的協助；如果沒有這麼做，而他就只是用資本主義與自由主義包裝自己的欲望，然後形成另一個山頭，變成意識形態的欲望，最後變成意識形態的對抗。

至於教育方面，我認為現在臺灣也呈現出「教育失敗」的現象。我跟許多年輕人接觸過，碰到他們我就會問：「你們聊天時，最常討論的議題是什麼？」答案是，他們最常聊「不相信大人」，因為大人都在說謊。爸爸媽媽說不能做這個，但他們自己也在做，老師說不能這樣，結果他們自己也都這樣。我認為這就是教育失敗的結果。目前臺灣不是一代不如一代，而是在臺上的講者沒辦法將更邏輯、更理智的教學帶給大家。

另外一個教育失敗的狀況即經驗大於知識。我們很多人都相信經驗、不相信知識。我昨天看到小鳥飛過，我就會有好運，所以每次鳥飛過，就會有好事要發生了，這就是經驗論，當然經驗論沒這麼膚淺，但經驗不一定是知識，我們之前看過很多例子，比如提到的錨定效應與比較心態等，導致經驗不一定是精確、是知識性的。現在年輕人就是不相信大人、不相信老師的話，年輕人必須面對自己的焦慮，所以經常運用經驗來認識這個世界，而不是知識，我覺得這也是教育失敗的一面。

教育有一個目的，就是階級翻轉。當你家的經濟狀況很窮困時，不會因為階級低而沒有翻轉的機會。以前的社會比較慘，若你的父親是以務農為業，孩子以後就得種田；爸爸從商，你就得從商，沒有任何選擇的權利。

但到底我們臺灣或其他國家的教育有沒有發展到翻轉階級的效益呢？

「長大」是怎樣

什麼是長大？很多進入社會的新鮮人常遇到一個狀況：他們在公司第一年就「卡住」了。常常感覺不到成就感，因為不知道老闆要什麼，上司交付的任務、研究、功課該怎麼做，也都沒有告知，或是因為他們不知道怎麼從這個位置爬上去，再成長。

我舉一個親身經歷，我在耶魯大學畢業後的第一份工作。

當時我是設計部門繪圖員，這份工作是副總直接聘請我的。公司是由兩兄弟一同經營，哥哥是總經理，弟弟是副總經理。我在設計部門畫圖時，只看過弟弟，沒看過哥哥，聽說哥哥個性很像希特勒，專橫跋扈，每一個人都很怕他。有一天設計部進來一個高大魁梧的人，問每一個人說：「今天晚上有事，誰可以留下來？你可不可以留下來？」我有一個同事表示他很忙，另一個同事則說：「不行，我今天有事，晚上跟爸爸約吃飯。」其他同事被問也急忙推託，後來才知道他就是那個哥哥，也就是總經理，一個很主觀的人，他的名字叫Bill。

Bill看到還剩下我還沒表態，便說：「你就是那個新來的？你有沒有空？」我不確定地說：「我應該沒事吧……？」他說：「好，就你，你留下來吧，等會兒六點來找我。」

六點過後，同事們都走光了。我跑去找Bill，他在紙上畫了一個馬達，再畫一個絞盤、一個鋼板，接著說這個機器要用來拉一艘船。聽他說明完，我就開啟

AutoCAD開始畫，約莫三十分鐘後，我拿著成品給Bill過目，他就拿著圖紙開始塗改，又要我拿回去重畫，我畫完之後又拿給他看，他又給我一些新的資訊。他說：「這個東西要放在一個房間裡面，所以這房間要有一面牆，牆上要鑽兩個洞。」他講完之後我又回去畫。我在畫時他又繼續講：「這個房間有一部分會在水下。」要我設計不要讓水灌進來，且不要把馬達給弄濕。

就這樣來來回回，從六點到十一點，我有點受不了了，外面正在下雨，兒子當時才一歲，兒子的媽媽也在催我回家。我覺得這樣事情會沒完沒了，一直去他房間、一直聽新的資訊，然後又要重畫。我就想：「他到底是要做什麼啊？為什麼不一次把資訊告訴我？一次告訴我，我就可以弄好，不就可以直接回家了嗎？」老闆到底知不知道他要什麼啊！

就在這個時候，我內心冒出了三個想法，第一個，他可能也不知道自己要幹什麼。如果沒有過去這四個小時的過程，一個馬達、一個絞盤、一個鋼板、一個護欄，他給我部分的資訊，然後再給我更多的資訊，最後我再把他畫出來。沒有這個過程，他其實不知道要幹什麼。也就是說，這個過程就是在協助他看清最後的解決之策。

第二個念頭，我自己覺得我是從耶魯大學畢業的，我是高材生，我是好學校畢業的，我引以為傲。但為什麼不能用我的專業先想清楚所有的問題，一次畫好給他呢？反而是一直被動的接收資訊，然後抱怨。

第三個念頭，我一直不停咒罵他什麼都不知道，讓我跑來跑去的，我不想搞了我要回家。或許Bill在這幾小時內想過無數次：「這個新來的好笨喔！叫他做這個也不會，那個也不會，害我不能回家！」腦中依序浮現的這三個念頭，讓我慚愧的背脊發涼，也冷靜下來。這次我花了比往常多了三十分鐘，仔細設計、繪製這張圖，然後再把圖拿去給他看。

那瞬間，我看出他看到圖之後，眼睛在發亮。他看完後只給我三個筆記，要我把這三個筆記帶回去研究，今天的工作終於結束了。

這個案子是Las Vegas的飯店專案。在一個飯店外面，有兩艘船會彼此互相開砲，英國船把海盜船的彈藥庫給炸了，海盜船把英國船給炸沉。後來我才知道我畫的這張圖是表演的藍圖。

所以我要講的第一個問題就是也許你老闆什麼都不知道，很多事情老師也不知道，你的同學更可能什麼都不知道。畢業去外面的時候你可能也會碰到這樣的狀況。長大並不代表什麼都知道；長大並不代表我到達了哪個終點；或是畢業這件事，也不代表是我人生中某一個終點，那只是一個學習的開始。重點是沒有誰一定知道什麼事，且有義務告訴你。

第二個問題是老闆都不回答。前幾年有一次同事給了我一個新的商品區的設計。我請他回去改，他改完了又給我，我又請他回去改。他在最後一次改完回來給我之後，我就沒有辦法再溝通這個題目了。同事一定會想說你為什麼都不回答我，其實原因很簡單，因為不夠好，我不知道怎麼說，他嘗試了三個月，不夠好我只好不跟他講。有時候我們得不到回應，不是不夠努力，而是問的不對，也有可能是我們提出的方案不夠好，所以老闆不回答。

第三個是我最常遇到的。同事通常來就職半年之後，對工作有些疑問，我會跟他們講那老闆可能並不知道要做什麼的故事，他們都表示「懂了」。所以他們又繼續在職位上日復一日，半年之後，有些同事又會來說：「我覺得在這個公司，我沒有成長。」我會問他：「什麼是成長？」他們通常回答不出來。

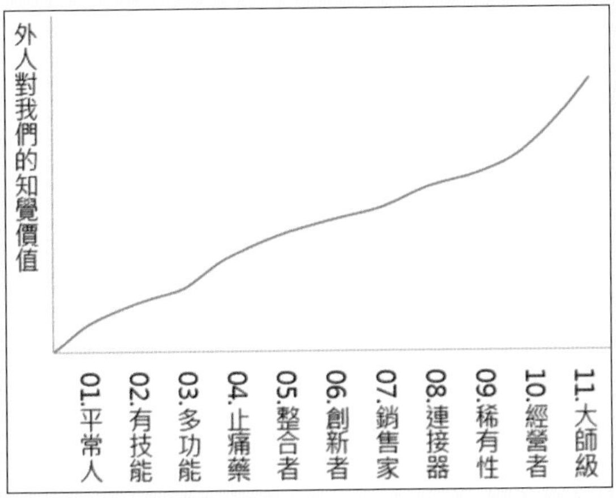

• 別人對我們的知覺價值

有一天在某一間出版社看到了這張圖，它說明了在工作上要怎麼成長。剛到公司時，你是一個平常人也和一般人一樣，剛從學校剛畢業、沒有特殊技能。但是如果你有成長，就代表已學到技能了。第一個階段，是我的圖畫得越來越好了、我的機械設計得越來越好了、我越來越能與老闆溝通了，這就是你增加的技能。

第二階段是變得多功能，你可能會機械設計，又會自動控制、製作管理。你開始擁有了不同的技能，就是所謂的多功能。有了多功能，就可以當止痛藥，意思是指能作為同事的止痛藥、長官的止痛藥、也有可能是你下屬的止痛藥。會變成一個止痛藥，是因為你可以幫助他人，你會用你的多技能來幫助大家解決問題，接著你會成為一個整合者、一個Project manager。你可以整合自動控制部門、機械部門、心理學部門或者運動部門，然後把產品做出來。

跨領域很重要，不管是機制的設計，還是產品的設計。當初iPhone在設計的時候，也是由許多不同的專業來輔助設計。第一代的iPhone裡面包含心理學家、設計學家與行為學家。不是只有外觀設計跟軟體設計，裡面還包括了很多藝術、社會心理的設計。整合者因為自己是一個整合者，將可以變成一個創新者，創新者又變成個創造家，再變成一個「連接器」。

「只要我長大」，從「我」到「我們」

和「連接器」有關的，有一個理論叫做六度分離論（six degrees of separation）。六度分離理論就是在說我跟你之間只差了六個關係度。六度是指我朋友的朋友的朋友的朋友的朋友，之間差的六個朋友。或是我的親戚的親戚的朋友的朋友的朋友，跟你一定有關係，這就是六度分離理論。以前人們都會認為六度分離是隨機的，是某一種統計的分布造成六度分離。直到《異數》這本書的作者做了一個實驗。他將五百封信寄出去，信中要求你如果收到這封信，把這封信寄給你想要寄的人，而下一個收到信的人也要如此做。他想知道這五百封連環信有多少封會回到他手上，結果真的有幾十封信寄回到他的手上。他發現這幾十封信的寄件人並不是隨機分布的，而是集中來自於幾個人傳來的。這些人是誰呢？他們就是連接器。同班同學裡一定有人是連接器；系所裡一定也有這樣一個連接器。畢業之後有沒有一個連接器，會把你、另外一個同學、另外一個部門湊在一起？他是一個你有困難，你會去找他，他就是那位會跟你說「你可以去找某某某幫忙」的那個人，他就是連接器。在連接器之後，邁向稀有性、經營者，最後成為大師級人物像是比爾蓋茲、之前提到的Simons或巴菲特。

這讓我悟出另一個道理，凡事不是從自己出發。人類在一萬年前跑不贏花豹、力量贏不了獅子、打架打不過黑熊，也不會像鳥一樣可以飛翔。那麼人類最大的能力是什麼？就是合作。人類所有偉大的成就都來自於合作。就像經過合作，人類才得以上太空，因為光是上太空的程式碼，很有可能就超過數百人共同寫出。金字塔是歷史偉大的成就之一，它當然也不是光靠一個人就可以做出來的，同樣也是透過合作蓋好的。

文字是人類偉大的發明，因為文字的產生，所以人們可以溝通無礙。那麼，我們現在一直在建立溝通的方式、溝通的工具，為的又是什麼呢？為的是合作，而不是比較。

快樂學裡面有一張圖片，兩隻驢子要吃飼料。這個飼料各自擺在左邊跟右邊，拉扯的結果就是兩隻驢子都吃不到。但如果他們合作的話，先一起到左邊那區吃飼料，再去右邊區域吃飼料，就都吃得到了，這就是合作。合作是人類最大的能力，千萬不要因為競爭、因為焦慮而拋棄了我們最大的能力。我們可以因為十幾個人聯合狩獵，才得以囤積出這個月可以吃的食物；我們可以因為一起耕種，才能發展出農村，能夠發生文明進而發生文化。但這些都來自於合作，並不來自於競爭。所以對全人類來說，在考慮成功時，也要考慮我們正在做的事情，是否能讓人類因此進化？不是你比較快樂就好，因為快樂可能是源自於另外一隻驢子的不快樂。當每個人各自往自己能獲得快樂的道路上走的時候，我相信最後每個人都不會獲得真正的快樂，唯有一起合作時，才能得到快樂。

• The two mules

關於長大，我有三個體悟。

當我去學校演講時，老師們都會問我：「你是如何可以同時參與十幾家公司的經營？」我總是回答：「Make yourself replaceable.」因為我可以被取代，因為我不是以競爭、比較、個人的成就、個人的事業來做思考。當我在每間公司都以「可被取代」為一個目標時，就可以擁有比較多的團隊可以一起工作，然後才能有這麼多公司做各式各樣不同的事情。

關於這件事情需要有三個思維，第一件事是系統性的思維。當遇到問題的時候，必須了解主要的原因是什麼？這問題的病徵是什麼？是不是發生了系統性的問題？同時，要建立一個系統並不容易，而且這個系統還是在你是個整合者的時候才能做到的。因此我悟出了：嘗試跟身旁的人合作，得以建立出一個系統。

第二個是要知道目標是什麼。如果沒有總體目標，就不會有分段目標，目標比整件事情都還要來得重要。有一本書叫《表演力》，它主要在講述一個演員在一齣戲結束時，需要達到什麼樣的目標。是要得到一個女生的愛？還是要打敗大魔王？而這個演員如何分段完成這個角色的目標？不管是什麼樣目標，都有一個總目標，然後分成幾個分段目標。我們做事情都需要有總目標，因為如果沒有目標，就會被比較與焦慮綁架。

第三個就是我們永遠都在長大。我記得三十歲、四十歲的時候，都會努力許下新年新希望，我每年都會給自己一個目標：我今年要創立一個新公司、我今年要安排一個新的festival、我今年要做一部新電影……但這幾年我就只簡單寫下兩個字：be better，我希望新的一年，比過去的自己更好。

生命是很長的，很多事情可以慢慢做，不需感到著急，是我從長大這件事獲得的總結。

學生回饋 FEEDBACK

翁珮芷

政治系 ■ 一年級

之前查資料時發現馬天宗講者可以說是多方面的成功人士，但在這次的演講當中，他反而較少提及他在業界的發展及成就，更多是一些生活的態度及一些思想的問題，在這場演講中，馬天宗講者提到了幾個讓我印象非常深刻的想法。

在談到如何快樂及長大時，馬天宗講者說到放下焦慮、不要比較，做到這兩點會發現自己少了很多壓力。在很多時候我們都努力匆忙地去找尋所謂的快樂，總把快樂以為在前頭，但其實有些時候是我們跑太快了，放慢速度慢點讓快樂可以追上你，這也是馬天宗講者在這次演講中提到的。在臺灣的社會中我們被無形的比較所困，嬰兒時期比誰走路走得穩、幼童時期比誰較有禮貌，進到了學校開始比才藝、成績、外語能力、甚至身高也能成為一種比較，等我們好不容易上了大學，選擇的是自己所喜愛的領域，依舊會面臨被比較的狀態，哪個科系較有前途、吸金力較高，很多時候都會陷入這種莫名其妙的比較中，也因此讓自己產生焦慮，如果能放下焦慮、比較心理，那麼就可以更放膽嘗試自己喜歡的領域，在此找到快樂，也可在中成長，應該就能達到馬天宗講者所說的，「做喜歡的事，讓喜歡的是有價值。」但要在一時之間將這些事情放下是有困難的，所以我期許自己能在大學四年中慢慢摸索、慢慢學會拋棄這些無謂的事情。

「Replaceable」，他強調他能在這麼多領域發展都是因為讓自己可以被取代。在我們從小的教育當中，幾乎每個人都告訴我，在未來你要當個不會被取代的人，你才會有價值、有競爭力，才不會在這個變化快速的世界被掩埋，但從來就沒有人告訴過我，要讓自己可以被取代。被取代聽起來是件很負面的事情，但仔細想想，如果每件事都需要自己親力親為，那麼我會少了多少時間去做其他的事情，當然我覺得隱藏在replaceable後面的含意是，要學會分配的重要性，每個人的專才都不同，要將什麼事情分配給什麼樣的人也是很重要的學問，若不當分配，可能沒辦法讓自己可被取代，還會需要花更多時間去重新檢視自己分配出去的事情，這樣反而不會讓自己得到更多的時間。馬天宗講者在分享這個觀念時，他也提到不只要讓自己replaceable，其實更重要的是要找到好partner，當有好夥伴時自己才能更放心的分擔事情，總結這些分享，其實最重要的就是團隊，每一個成功人士的背後都是一群團隊的支持，一個人沒辦法做到這些事，馬天宗講者分享這些觀念時，我覺得這也是一個時代的改變吧！斜槓的出現，讓我們不再只專注於一個事業甚至一個領域，在演講中有人問到，要怎麼在有限的時間中做到這麼多事情，馬天宗講者回答到，在時間這件事上，所有人都是公平的，你沒辦法管理時間，你只能管理好自己。學會管理好自己對於需要身兼多職的斜槓者來說，應該是件很重要的事情，雖然馬天宗並不喜歡稱自己為斜槓，但他以他自己的人生觀點，一次做好一件事、讓自己可以被取代、管理好自己，活出了世人所欣賞的斜槓人生，這些都是值得我們學習和思考的。

南投縣立爽文國民中學教師
王政忠

曾獲二〇〇八年Power教師全國首獎、二〇一一年Super教師全國首獎、二〇一四年教育部師鐸獎全國獎、二〇一七年行政院「臺灣真英雄」教育界得主、二〇一七年GHF教育創新學人獎臺灣代表、二〇一七年未來教育臺灣100特殊貢獻獎、二〇一七年教育100創新教育獎、二〇一七年高雄師範大學五十周年校慶傑出貢獻校友獎。

是臺灣教育界唯一同時獲得SUPER教師獎、POWER教師獎及師鐸獎三項「全國首獎」的老師，最被臺灣教師夥伴熟知的稱呼是「山中大叔」。

王政忠・演講

有一種翻轉叫偏鄉，我是個老師，這是我人生獲得的最大獎項

有一種翻轉叫偏鄉，這當中有兩種命題。第一個命題叫偏鄉，第二個命題叫翻轉。那麼，什麼叫做偏鄉？

講到偏鄉，你的腦袋會出現哪些形容詞或是畫面？答案不外乎「農村」、「缺乏」、「窮」或是「沒有超商」。我任職的學校是全臺灣唯一一個四周沒有超商的學區。更無法想像的是，我們學校位處在一座公墓的後面。都已經蓋在這樣的地點了，我想「窮」這個字也和我們脫不了關係，而且我們所說的「又老又窮」還是經過國家認證的，財政部曾公布，我們學校所在的鄉是全臺灣最窮的第四名，前面三個鄉都是原住民鄉，換句話說，我們學校就是最窮的平地鄉吧！

窮就是弱勢，弱勢會帶來窮，它是一個惡性循環，所以我們的學生有超過六成都是來自於弱勢家庭。這些弱勢家庭，是來自教育部的定義：單親、依親、隔代、低收、新移民。這五類都可以叫作弱勢家庭。這些孩子到學校讀書時是幾歲呢？我是國中老師，所以他們來到學校大約十二、十三歲，明明是小鮮肉，但上起課來卻是一個個擁有老靈魂的人。為什麼這麼說呢？有人說變老有三壞，第一壞，看電視

打哈欠、流眼淚，第二壞，報紙拿反顛倒看，第三壞，記性真的壞。我們的小朋友來學校上國文課打哈欠兼流眼淚，上英文課書本顛倒看，都看不太懂，上數學課記性真的壞。

為什麼會這樣？難道是偏鄉的孩子天生沒有求學動機？難道偏鄉的孩子注定比較笨嗎？不是的，因為有一個很重要的因子在影響這些孩子，讓他們在學習過程中沒有任何支持的力道，那個重要的支持力道叫做「家庭」。

沒有扶弱與拔尖的力量

如果你的孩子上完課回家跟你說：「爸爸，學校老師說我數學很爛。」居住在城市的家長聽到後會說：「那就去補習。」但我們這邊的家長會說：「沒關係！有讀就好了，有上學就好了！擔心什麼？明天的太陽一樣照樣升起來，爸爸我以前數學也很爛，現在還不是把你養得好好的，有什麼關係？數學不好不會影響生育啦！」如果家庭支持沒有辦法做到扶弱這個目的，就算想做，也心有餘而力不足。

再換個比方，如果小朋友回來跟你說：「爸爸，我英文很棒，老師說我很有國際觀。」城市的家長十個有八個會跟孩子說：「去補習！」雙語、托福、留學和其他途徑樣樣來。但是我們的孩子如果跟他爸爸說自己英文很好、很有國際觀，爸爸會說：「很棒啊！加油啊！英文要靠自己啊！爸爸我以前也英文很好，現在還不是在這裡養你！沒關係啦！有讀就好了。」所以這裡家庭也做不到拔尖。不是說他們不想做，而是想做也做不到。

扶弱做不到，拔尖也做不到，學習也就變得可有可無。

如果孩子都在「有讀就好」的環境下長大，他們的學習動力除非是看魚兒向上游，不然就會一路向下滑。向下表現得比較明顯的就是國語、英文、數學，會來我的學校讀書的小孩，都是已經對國、英、數沒有抱持希望的人。所以偏鄉孩子就讀的學校，就是他們最後的希望。這裡講的最後的希望不是指考上一中或是女中，而是他經過國小、國中、高中之後，離開學校進入社會，對人生還是能懷抱著一定的夢想，並有能力可以實現。而這些希望寄託在誰身上？就是我們這些偏鄉老師的身上。

缺乏專業，一個老師得當兩個老師用

我再拋出一個問題讓大家思考，如果你是二十年前的我，來到這個地方，所有學生都有老靈魂、對學習沒有興趣，你要怎麼組織一個教師團隊，以迎接這些學生到我學校，將他們的學習動力拉起來？很多人給的答案不外乎熱情、幽默、耐心、富有、顏值高。但你有沒有發現，這裡面沒有「專業」這個答案？

臺灣人真的很不重視專業，我做過幾十場演講，前十個答案通常都不會出現「專業」。但是，沒有專業，熱情是會被消磨的；沒有專業，再多的愛都有可能是傷害。所以常常有人問我：「你贊成TFT嗎？你對TFT的看法如何？」當然安婷要設立TFT（為台灣而教）時，有先到學校找我討論、商量過，最後確定要做。當時我告訴她：「一，要在短短幾個禮拜的時間內，把老師的專業能力建構起來不是一件簡單的事，要做得紮實。第二，要有退場機制，一旦發現只有熱情，卻沒有專業，就要有退場機制。第三，千萬不要選只走那兩年的大學生去偏鄉，讓他們利用偏鄉學生鍛鍊自己的實力，以作為更好去其他地方的踏板。這樣當作墊腳石，是不應該的。應該要找兩年都能全力以赴，開啟他跟孩子們之間的生命故事的人，而不是抱持著這兩年我就是要磨練我的技能，兩年後我可以找到更好的工作。」對一個大學生來說，那兩年可能是鍛鍊的好機會，但對偏鄉小孩來說，那兩年可能是影響他人生非常重要的時光。

所以我支持TFT的精神，但是專業的培養、退場的機制，還有整個TFT的走向，好好做會讓我的偏鄉孩子有機會去受到較好的教育，而不是藉由廣告去宣傳。

所以二十年後對我來說，當然是期待有專業的老師。但是二十年前對我來說，我在爽文國中任職時，就不會期待專業，我只希望有老師就好。為什麼？因為二十年前我的學校總共有六個班，十二個老師。各位可以回想一下，還記得國中時，自己讀了哪些學科嗎？現在的國中學生要學十七個學科，是否發現當中有那裡不對勁？要有十七個學科，卻只有十二個老師，所以假設我一科聘一個老師，我還差幾個老師？五科，事實上教育從來都不能用數字去計算，教育不是只缺五科老師，而是我們「只有」五科老師，分別是國、英、數、自、社。

臺灣目前的教學樣貌：班級數乘以二就是教師人數，所以我們學校就是六個班、十二個老師。這十二個老師每個都要教書，還有三個當主任、兩個當組長、六個當導師，三加二加六等於十一，還有一個是誰？當然不是校長，因為校長的名額是獨立的，所以還有一個是老師。這個老師是純教書嗎？專任嗎？不是，他是營養午餐祕書、圖書管理員、網路管理……這些不可能都只讓一個人來做，所以每個老師都要接行政職位。當了行政職，就可以減課，但是老師減課，學生沒有減課，學生要上的時數還是這麼多。用簡單的數學邏輯算一下，九年一貫或者十二年課綱，一個學生一個禮拜要上五節國文課，我的學校有六個班，就需要三十節國文課的時數。可是一個國文老師，一個禮拜只能負擔十六節國文課，而且當導師上限是十二節，當行政的上限是八節、當主任的上限是四節。那我們只算導師好了，當導師的節數是十二節，但是要教的時數有三十節，所以學校至少要聘兩個國文老師。所以根據我們二十年來精密計算的結果，這十二個老師的最佳編制會是：三個國、三個數、兩個英、兩個社、兩個自，才能把這個學校的國、英、數、社、自上完。

那麼三加三加二加二加二剛剛好就等於十二，所以有人就會好奇了，這個學校音樂課誰上？答案是英文老師，因為英文老師常常唱英文歌，所以音樂老師由英文老師負責。美術課誰上？數學老師啊，因為他們常畫圓形、三角形。所以在我們學校教書的老師，一要接專業科目，二要接行政職，三只要沒有老師的課就要去兼課。所以在城市的老師，只要把自己的本科、本職搞定就好，但我們這些偏鄉的老師，卻被要求發展一二三四五六七八……種專長。

在臺灣，出生是會決定命運的

剛剛討論的是老師，那麼學生呢？家庭支持做不到扶弱、拔尖，學生的動力就會下降，最明顯的就是國、英、數這幾個科目。結果第一天來學校，第一節國文、第二節數學、第三節英文、第四節數學……一個早上過去，沒死也剩半條命。下午吃個午餐、睡個覺，一覺醒來是上美術課，心想：可以畫畫了！等了半天，誰走進來教室？數學老師！同學這時會說：「老師怎麼是你？」老師會回說：「對啊，我負責教你們美術。」萬一老師真的不會美術的話怎麼辦？就把數學講義拿出來。接著也要面臨同樣的狀況：英文老師會來上音樂課……所以一天七節課就要挫敗七次，一個禮拜就要挫敗三十五次，一個學期二十週，等同於要挫敗七百次，一個學生三年六個學期，就要挫敗四千兩百次，一直浸泡在挫敗中的孩子怎麼會對生命有夢想？所以在臺灣，出生是會決定命運的。

你出生在臺北市信義區，跟出生在南投縣信義鄉，人生顯然會有不太一樣的地方，但他們都是臺灣的孩子。

全臺灣唯一沒有偏鄉國中、國小的縣市，在國教署的列冊中就是臺北市。但你確定臺北市每個班級的每一個學生，都能得到公平專業的對待嗎？我認為，沒有得到專業公平的對待，才叫偏鄉，才叫弱勢，他跟區域、交通、經濟沒有直接關係。

臺灣或早或晚，所有的城鄉差距都會被弭平。不管是透過交通、國土重劃、經濟、都更，最快弭平的方式就是網路。所以當網路弭平了城鄉差距，臺灣只會剩下教學差距。臺北市跟臺南市的教學差距、臺南東區跟臺南善化的教學差距、善化裡面就會剩下A國中跟B國中的差距。A國中裡面就會剩下A老師跟B老師的差距。所以臺灣只會剩下教學差距，這就叫做偏鄉。

如果臺灣只剩下教學差距，那麼我們來談談什麼叫做翻轉？不知道各位在求學階段時，老師是否曾經要求學生回家先自習，接著進教室解決一些任務？其實這個是最原始的翻轉模式，叫做Flipped classroom，是從美國傳進來的觀念。最早我們在臺灣看見，比如臺大葉丙成或在交大、清大，都曾經做過MOOC（Massive Open Online Course）這樣類似的概念，也就是翻轉教育。但是葉教授曾經想很用力地推到中小學去，可是成功的案例不超過百分之一。

問題出在哪？問題出在：學生有載具嗎？

以我的學校而言，我的十個學生裡面，可能只有五個人有載具。這個問題還小，下一個問題是：「學生都有網路嗎？」這五個學生裡面，可能只有三個或兩個有網路。接下來更嚴重，這三個有網路、有載具，那他們願意透過載具學習嗎？他們有這些工具，心裡不會想：「天啊！現在不打LoL，不然還要幹什麼？」最後一個問題最嚴重，如果他們看了，那看得懂嗎？所以翻轉教育最嚴重的不是前面兩個：網路和載具，最困難的是最後兩個，一個叫意願、一個叫能力。

● 有效學習，快樂課堂

我們通常只會討論學生而已，但是老師也是一個問題，老師有時間錄課程嗎？老師有能力錄影嗎？另一個問題來了，平臺資源都適合班上學生的進度嗎？最後一個問題，它適合每一個階段的學校嗎？我們應該去思考到目前為止，看到全臺灣以這樣子的標準去實施翻轉教育，成功的場域在哪裡？比如說臺大電機，比如說北一女，在臺南也許是後甲國中，但至少我在南投縣看見的是，沒有一所國中、小學成功。所以對於教學現場，最困難的問題始終不是網路與載具，而是動機與能力。

如果，我們能夠讓學生在學校裡面學習如何能夠學，並且願意學，這樣教室外的學習才會發生。不知道大家有沒有思考過這個問題？如果在教室裡面經過穩定系統性的教學，讓學生願意學，也有能力學，那麼離開教室後的學習它就會發生。如果沒有在教室裡面發生這件事情，然後就期待學生離開教室之後，因為有網路、有科技他就會自學。這個期待我就認為太不食人間煙火了！

所以中小學老師近幾年來進行更多思考的是：該怎麼樣設計、創造我的教學現場，讓學生在教室裡面，願意學、想學，然後把這個能力、態度帶走。這更是我們從小學老師就開始努力的事情。如果我們努力做到這件事，接下來的結果才會發生。也是當學生願意學、想學的時候，他們才能循著馬斯洛的自我需求金字塔，逐漸往上。因為所有教育的最終目的就是讓學生成為他想要成為的人。

學習護照幫助孩子，也幫助家長

總而言之，什麼叫做翻轉？翻轉教學是方法論，只是一種方式，並不是唯一。翻轉教學是哲學論，怎麼樣讓學生想學、願意學，是每一個老師都應該去反省的。翻轉教育再更上層次，叫做社會論。讓學生透過教育，使社會有階層流動，使學生擁有翻轉的能力，這才是翻轉教育最終的目標。因此從教室、教學到教育，過去二十三年來，在我的學校裡面，我們始終不斷在思考這樣的問題。今年是我教書的第二十四年，我們一直在做的是一個很特別的動機策略。我們設計了一個東西叫做「學習護照」。

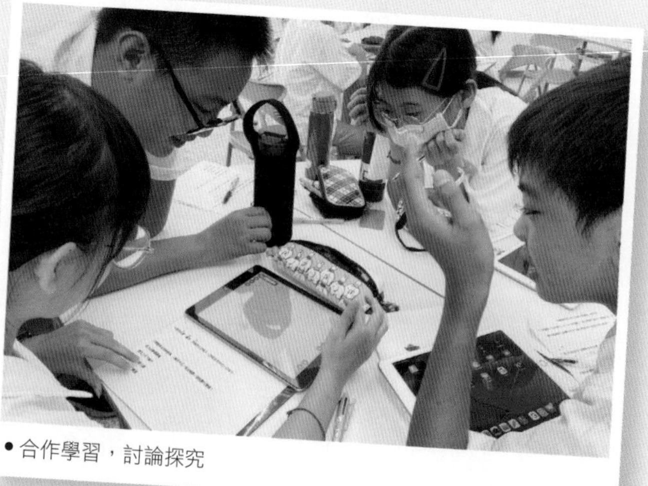
• 合作學習，討論探究

所有學生都可以有這本學習護照。他的英文單字、中文單字的詞彙量，每個禮拜都要完成一定的進度，過關會加點，因為這是我們偏鄉孩子需要的基本功。再來是上課好表現，像是答對問題、作業準時繳交，或是數學進步，就會得到點數。接下來，段考、週考、模擬考，重大測驗也會得到點數。但是要知道，不是每個孩子讀書就會考得好，也不是每個孩子寫作業都會寫得很棒。沒關係，在我們學校，只要孩子願意學，都有機會，就算他刷牙刷得很認真，也會有潔牙點數，這是健康中心的促進計畫。所以這個學習護照是跨處室的，所有學生透過學習護照明白了幾件事情。

第一就是要練好基本功。當有人問說偏鄉孩子問題出在哪裡？有人會答：「他們問題出在不是硬體，而是軟體。」軟體就需要有一個老師，願意帶孩子們明白，如果要翻身，必須要自己爬起來，而不是有人把枴杖夾到他的腋下，要求他撐起來。再來就是要有好習慣，讀書的好習慣、學習的好習慣。還有一件事就是「可以慢，但不能算了。」要知道每一個人都要有多元的亮點。最後一個，鼓勵歷程，而不是等待最後的結果。這幾件事情，是一個很特別的策略。

學生在學校的每一樣學習，都有機會得到點數。那點數能做什麼呢？就有如跳蚤市場，學生可以用點數換到鍋子、平板電腦等，每年六月，我們都會舉辦跳蚤市場，讓學生可以運用點數。

但是參與過這個跳蚤市場的人，曾經對我提出一個疑問：「你明明是國中的教務主任，可是參與跳蚤市場的不只有國中生，還有你們學區的國小生，為什麼？」

答案很簡單：因為到國中才開始學習，動力就已經大幅下降，如果能從更小的年紀就開始培養學習的動力，自然而然到國中就會想要主動學習，如果已經養成好的習慣，換句話說，就不再需要點數了。如果這個點數的吸引力還沒有消除，那就代表這個制度還沒有成功。

根據教育心理學，一到四年級是一個具體運思期，就是以物易物。就比如說你好棒，就給你一個糖果之類的。但到五、六年級時，就會進入形式運思期，抽象概念進來了。如果從一到四年級讓他就有這樣的好習慣，那五、六年級的時候跟他說，教育是為了更好的遠景，他才會去連結。這樣連結性才會強。所以我們做這些讓行為，讓改變早一點發生，這樣內化成功的可能性就越大，這背後是有一個理論支撐的。

舉辦跳蚤市場活動，還可以達到一個間接效果，家長會開始關心孩子，不會只聚焦在成績上面，會關心孩子：「有沒有參與學習啊？你有沒有舉手回答問題啊？」只要家長關心孩子、督促孩子，孩子就有機會得到點數，得到點數就有機會換電子鍋回去給媽媽。我們就只是想要達成一個目的：讓家長有一個著力點可以關心孩子。回家第一件事，家長就會問：「護照怎麼樣啊？」比聯絡簿還好用。我發現有許多家長會逃避簽聯絡簿，因為簿子裡老師說了很多話，家長覺得很麻煩。

所以點數不是最珍貴的，最珍貴的是擁有點數的能力。最珍貴的不是換到了什麼，而是擁有「換的能力」。我們鼓勵孩子透過累積，有實現夢想的本錢。

學了，還要有地方可以應用

至於內在動機要怎麼觸發呢？我們的學生學畫畫、學音樂、學陶藝、學拉坏。但我們學校不是沒有美術老師嗎？沒關係，我們就聘藝術家進來啊！用外聘的方式：國一必修國畫、版畫、國二必修捏陶、雕塑。沒有音樂老師怎麼辦？就把音樂家聘進來，所以全校必修國樂，每一個人，無一例外。學生經過三年以後必須學會一樣樂器，因此學生要學戲劇、要學表演藝術、要學板畫。目的就是要告訴學生：成功是有機會的。

其中最困難的事情就是國樂。我們學校只有一百個學生，但就有八十個學生國樂被當。我們有一個八十個人編制的國樂團，可用之兵都上來了。千萬不要小看我們的國樂團，他們在南投縣的比賽，成績都是數一數二的，因為全縣就只有兩隊，所以不是數一就是數二，而通常是數二，因為數一的那一隊通常都是全校有兩千個學生，再從中挑五十個出來比賽，這就叫做精銳盡出。我們學校是一百個挑五十個比賽，這叫做傾巢而出。

但奇蹟就是出在大家都不知道的地方。我們每年都參加比賽，從二〇〇四、二〇〇五年開始參加，就這樣一路比賽一直到二〇一六年，我們破天荒首次擊敗了對手，獲得南投縣的冠軍，接著我們繼續參加全國賽，獲得了第四名的佳績！

所以學習護照是外在動機，成功機會是內在動機。有了內在與外在動機，我們學生學習態度變得很好，成績與學習表現開始進步。但是又出現另外一個問題。就是學了之後不會用。這是什麼意思？例如英文，我們學生沒有機會遇到外國人，所以不會使用英文。為了讓他們有機會使用英文，因此在二〇一三年，我們進行了一系列英文教學的改革，學期中每一個禮拜撥出一個小時，透過skype跟我們美國姊妹校的學生進行英文對話。每一年寒假跟不同的企業合作，訂為英語日，每一年暑假會跟全世界的大學生合作，做三個禮拜的全英語夏令營。今年邁入第八年，我們選擇跟全世界招募大學志工。

八月份大學生會來學校，第一個禮拜就要設計課程，每一組大學生都要產出練習英語的社團，讓小朋友去參加，而且每一組大學生也需要產出六堂英語的分級課程。三個禮拜當中，要產出兩次大地遊戲，全校都要進入闖關模式，並且用英文闖關。到英語營的最後一天，學校每一組同學都需要上臺演一齣十分鐘的英語話劇，全程不能看稿。

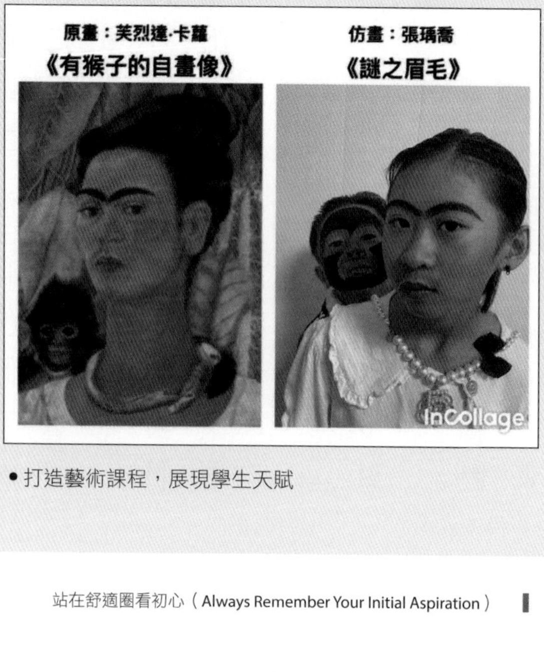

● 打造藝術課程，展現學生天賦

探討完外在動機與內在動機，最後一個想和大家分享的是我們的創新教學。

我自己的教學法是MAPS。M for mind maping，希望透過圖像組織，把訊息做更有效地處理；A for asking，希望透過老師提出好的問題，學習去如何學習。P for presentation，口說發表、肢體發表、音樂發表。S for scaffolding，同儕鷹架。這是我們的教學四元素，然後就讓學生在教室參與各式各樣的活動。

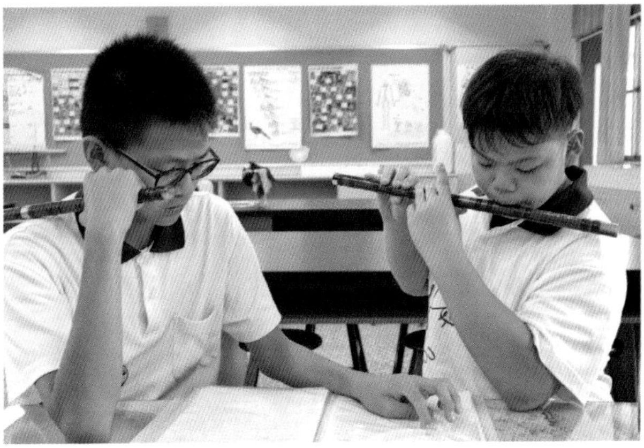

● 製造成功機會，國樂社團

臺灣需要更多留下來解決問題的人

大約四年前，教育部有一個專案計畫，為了協助進入我們的課堂，所以有一個專案助理被派到我的學校，他的工作就是拍攝我上課的樣子，每一天、每一節。所以過去四年每一天，我都是在鏡頭前上課的。他拍完我的影片之後，加上字幕，並放到教師社群上。從數據上看得出來，每一天的瀏覽量大約是一萬五千次，看的老師也不限於臺灣，大概是全亞洲華人區都有人收看。所以我們過去四年做的活動，形成非常完整的影像。我用這個教學法，就這樣子一路走到今天，這不只在臺灣，在亞洲教師圈，我們要把這個教學法擴散出去。

二十三年過去了，學校好像變得不太一樣了。

學校在二〇一一年獲得教育部評比，扶弱做得最好的學校。二〇一四年，我們獲得了這個獎，就是教育部鼓勵做拔尖後，做得最好的學校。過去二十年，原本做不到扶弱、拔尖，但是過了二十年後，這個學校獲得扶弱跟拔尖的雙首獎。我們的學生有很明顯的進步，不管是低是高，都有不錯的突破。我們在這個教學法之下，國一的學生經過一年的教學，在國教院的閱讀理解的統計數字看起來，高於全臺灣二點六分，國二的學生經過兩年的閱讀理解教學，高於全臺灣的六點三分。在今年，我們的國三學生參加會考，全臺灣學生拿B以上的是百分之八十五，我們學校則是百分之九十三，而且最棒的是他們還不是我教的。不是我教的當然重要，是因為我的方法有效，而不是我這個人的關係。不只是國文科，在今年會考的每一科目，我們的A＋B都超過全國的數據。

這代表學生不但有動機，能力也跟著展現出來了，另外一個連帶的影響是很現實的問題：過去二十年，我的學區國小畢業生人數下降了，更白話一點來說，臺灣中小學是學區制，所以我身為國中主任最在意的事即有多少國小畢業的畢業生來就讀？過去二十年因為少子化非常嚴重，所以我的學區，三個小學的學生人數直接腰斬了一半，剩下百分之四十。但是我的學校的學生比以前多了百分之五十。為什麼？為什麼國小畢業生減少，但是國一新生卻多了？這些學生從哪裡來？答案是跨區！首先必須先澄清跨區的概念，在臺北市跨區是兩站捷運站；在臺中市跨區，是兩個街頭；但是在南投縣跨區，是兩個山頭。過去只有聽過鄉下轉去城市學校，應該沒有聽過城市轉來墳墓旁邊吧？這是一個很困難的任務，但是我卻成功做到這件事情，過去我們的國小畢業生只有百分之五十會來報到，一直到二〇一七年，我們的報到率來到百分之九十七。意思就是，基本上我們學區的國小學生不會選擇外移了。

但光靠不外移還是非常可怕，為什麼？因為臺灣國中的編制是：如果每年新生每報到三十個人，教育部就會給一個班級的編制。我剛才提到我們校有六個班，六個班代表我們一個年級有兩班。所以我要維持每一年國一學生都有兩班，至少需要幾個新生來報到？答案是三十一個人，多一個人就兩班了。所以每一年我的業績期望值達標是三十一，如果沒有三十一個同學來報到，那一年我就要減班了。如果減一班我就要少兩個老師，因為每個班代表兩個老師。別的學校減班沒關係，我們學校如果減班，報紙隔天就會刊登：「老師你會不會回來？」答案是不會，因為你招不到學生了。所以三十一個是個非常殘酷的事實。

但我克服了，我們又再一次的證明：去年十八個，報到十七個，跨區轉入二十一個。這已經是臺灣教育史上，偏鄉學校裡跨區的學生比在地多，而且還是公立體制的學校。出現跨區比較多的會是實驗學校，但是一個公立體制的偏鄉中學，竟然會跨區比在地多。

這些跨區學生都是從距離我們學校四十分鐘車程的國小而來，有人會問：「他們怎麼去？」我們的交通方式比較奢侈，是坐計程車上學。因為我已經發展出四條共乘路線，並跟計程車簽約，所以是大型保母車在載。他們在上車地點集合，之後再來到我們學校，每個月按里程數計算車錢，由家長後援會負責，不是家長會，

• 數位課堂，有效學習

因為家長會是官方組織。家長後援會負責學校的行銷、交通、戶籍與心理諮商，一條龍服務。

現在的爽文國中是一所這樣的學校，超過百分之八十的學生會錄取心目中的第一志願。對我們來說，最在乎的是學生想去的地方，而不是整個社會分數所期待他想去的地方。這是一所有愛、有希望，很特別的學校。二十三年過去了，我得了很多獎：SUPERPOWER、師鐸等獎項，但是我得了這些獎不是因為我來自偏鄉，我得獎的原因是因為我夠專業，沒有因此忘記我是一個老師。我非常感謝我的三位老師。我的國小老師帶我透過閱讀看見世界，從一個鄉下野孩子變成有文化的人。國中老師把我從街上救回來，即使我常常蹺課，仍給我很多支持。高中老師給我很多的鼓勵，所以我想要當一個老師，我一直都沒有忘記為什麼想要當老師。因此我開始到很多學校做分享，越分享我就越感覺到，爽文經驗不會運用到每一個學校，因為每個學校都有自己的困難。我們學校最了不起的在於有一群願意解決問題的人，而臺灣需要更多留下來解決問題的人。

用教育的力量改變社會

過去十年應該是教學現場最風起雲湧的時候，或許很多學生都能感覺得到老師正在積極追求改變，也因此造就了許多網紅老師，這是真的。許多的國中小老師透過自媒體，有了很高的知名度，也有很高的話語權。但是我想如果能發揮影響力，把它轉變成更實質的支持，是一件更重要的事情。

二〇一五年，我在臉書寫下一篇文章：「我有一個夢。我期望這些有影響力的老師、有專業度的老師，一起來幫我的忙，好嗎？我們來做一件幫助全臺灣的事。大家可以想像，百貨公司是不是有很多專櫃，第一家香奈兒、第二家古馳、第三家……我希望開一家店，各種名牌都有。然後每一個進來的消費者都可以選喜歡的去消費。我希望能在山上辦一個武林大會，然後把江湖上的各派高手找來開班。然後這些芸芸眾生，就自己上山來拜門戶，想拜少林就拜少林、想拜武當就拜武當、想拜峨嵋就拜峨嵋，都可以！你想要拜誰都可以，就是不要相信一件事，只有一種教學法可以解決全臺灣的教學問題，不會的。絕對不會只有一種方法可以解決全臺灣的問題，只有老師去學了，才會找出自己的方法帶進自己的教室，才能解決教室裡面的問題。你沒有辦法靠著複製別人的方法，去解決你教室的問題。所以我希望去做這件事，我希望全臺灣像我一樣又熱血又專業的好老師，我們來做這件事吧！」我當時很熱血地寫了這篇文章，吸引到一個人在下面留言：「有需要教育部的事情，請讓我知道。」

原來是教育部長。我剎那間開心了一下，但又想想，好像不太對，為什麼是協助？這本來不是你們該做的事嗎？但沒有關係，就請你支持我吧！所以二〇一五年我發起了一個運動，後來這個運動被《聯合報》的頭版稱為「第三波的教改」。這波教改不是教授帶著大家上街頭，而是教師帶著大家做體制內溫柔的革命。我們不抗議、不抗爭，用教育的力量去改變這個社會，讓他變得更好。

二〇一五年，我們在中正大學進行了第一次的工作坊，實現了這個夢想，開了十個班，國中國文、英文等等，讓老師來參加。假日沒有公文、沒有補助交通車馬費、沒有研習時數，全是自願參加、學習。二〇一五年七月，有一千一百七十七個老師加入了我們，隔一年有三千個老師加入我們。這個數字已經讓我們很驚嚇。因為錄取的人數是三千個，但是報名的人數卻有一萬六千個！

於是二〇一六年我們訂下一個目標：從全國一區變成全國分區。二〇一七年全國四區，到二〇一八年變成全國十區、二〇一九年八區。同時間，全臺二十二個縣市共同邀約了一群人：我們不是組織，只是一群老師，邀請我們教師去協助他們縣市。

過去中小學老師參加研習，最讓人詬病的是，來參加研習的時候很棒、很感動，回去在車上還是很激動，但是回到教室以後還是一樣一動也不動。這是我們最常看到的畫面，光研習、沒有行動。所以二〇一八年開始，我們開始把這句話當成我們核心的目標：「老師！你要實踐，你要實踐！」如果每年都有一千多位老師上臺發表他們的改變，我就不信臺灣的教育現場不會改變。

在這二十三年的時光，我認為我得的最大獎是：我是個老師。

這才是我這一生最大的獎。

學生回饋 FEED BACK

王櫻蓉

外文系■一年級

以前一提到偏鄉，我的腦中便會自動聯想到深山、交通不便、缺乏資源的地區，然而王老師在演講中指出：「偏鄉是共同的名字，卻有不同的樣子。沒有得到專業公平的教育，就是偏鄉、就是弱勢」，他的這一番回答促使我省思許久，確實，即便在人人嚮往的繁華都市中，仍存在著這樣的情況，而最根本的問題與地域等外在條件沒有太大的關連性，最關鍵的是一個人的家庭背景。我其實並不認同「出身決定命運」這個說法，我認為用功念書、憑藉自己的努力一定能開創出屬於自己的一片天地，因為「教育是一個人翻身的唯一管道」，我是這樣認為的，但在經過更深入的反省後，我才發現自己僅站在自身的角度去看待這個議題，忽視了那些惡性循環於貧窮和弱勢間的孩童，對他們來說，因為家庭做不到扶弱、拔尖，所以學習變得可有可無，那又如何能藉由知識改變人生呢？他們連向上的動力都沒有，因此，學校成為了他們最後的希望、實踐夢想的力量，「練好基本功、培養好習慣」，是王老師最著重的部分，而這部分本該是從家庭教育取得的，他提到教學過程中最困難的就是學生學習的意願（動機）以及能力，雖然現今社會擁有各式各樣的學習管道，但是只有在教室內讓學生想學、願意學，教室外的學習才會發生，所以教導他們正確的心態，才能促使行為的改變，也才有機會成功。

我很喜歡王老師在演講中說的一句話：「學習可以慢，但不能算了。」雖然偏鄉學童的起步慢，但只要肯開始，一切都不嫌晚，而且不用很厲害才開始；開始，才會很厲害。學習，是為了成為理想中的自己；而進步，是為了夢想努力的證明，持之以恆也是我一直以來的信念，我不聰明，可是我努力地走在自己喜歡的路上。偏鄉教育的問題仍持續存在，而臺灣需要更多有能力並願意解決問題的人，雖然政府以及民間機構相繼發起、設計各式各樣的教育計畫、活動，吸引了許多人的關注，但沒有專業，再多的熱情也會被消磨；每位學生的教育必須是一視同仁的，沒有人的人生應該成為他人經驗累積的跳板，這是值得大家反省的。

演講過後，我真心覺得自己非常的幸運，擁有家庭的支持，雖然不是出身榮華富貴，但我的父母給了我衣食無虞的生活，盡心盡力地栽培我、教育我，讓我有機會找尋自己的夢想，安心地航行在自己夢想的偉大航道上。

APPENDIX

附錄

精英論壇場次表

108 11.21

練習，做自己	
講者	肆一（華文作家）
推薦書籍	（一）遺憾收納員 （二）我們都會好好的
給學生的一段話	永遠都要去相信自己的人生自己有選擇權，人生能夠「做自己」已經很了不起了，去成為自己、做自己喜歡的自己。

108 11.28

人生的大餐	
講者	陳超乾（奕景科技商務總監）
推薦書籍	（一）正義，一場思變之旅 （二）快思慢想
給學生的一段話	用熱情面對生涯的每個抉擇

108 12.26

站在舒適圈看初心

講者：黃文献（琛揚企業股份有限公司董事長）

推薦書籍：
（一）改變的力量—決定你一生的11個關鍵字
（二）出發．Run for Dream

給學生的一段話：常保初心，帶領自己勇於突破習慣的舒適圈，創造不一樣的人生故事！

109 01.02

無關勝負，貴在堅持

講者：莊智淵（臺灣男子桌球運動員）

給學生的一段話：生活不用太拘束自己一定要規劃什麼，選擇做對的事，做自己喜歡的事，盡力而為。不能說一定會有好的成果結果，但一定會有好的收獲。

109 03.05

熱情與理想，一張人生的悠遊卡

講者：吳重雨（晶神醫創股份有限公司董事長兼技術長，國立陽明交通大學榮譽退休講座教授）

推薦書籍：
（一）記得你是誰（Remember Who You Are）
（二）從A到A＋（From Good to Great）

給學生的一段話：懷著熱情與理想，勇猛精進，不休不息—Keep Moving!

109
03.19

寄生的藝術．塗鴉

講者	BOUNCE（塗鴉藝術家）
推薦書籍	（一）電影名：掙扎 （二）動畫名：乒乓
給學生的一段話	每個人生下來都被賦予了屬於自己的使命及特殊能力，有時候我也稱它為超能力。而這能力每個人發現的時間點都不同，一但你發現了，人生便是突飛猛進大爆發。只要相信自己的直覺，想做的事就去做，不要猶豫不要畏懼，認真聆聽自己的心，多方嘗試，很快就會找到自己的使命。行走在自己的道路上，不一定一路都順心順遂，但是路上的種種考驗與歷練，絕對都是成就自己今日與未來的珍貴養分。

109
03.26

職業不分性別

講者	楊婷喻（第四十五屆國際技能競賽「汽車噴漆」金牌得主）
給學生的一段話	別用性別劃分職業，做不做得到只有自己可以決定。

109
04.09

生命的轉折與選擇

講者	王曉書（手語新聞主播）
推薦書籍	（一）父親的手：一個男孩，他的失聰父母，以及愛的語言 （二）我把耳朵借給了畫筆

給學生的一段話	生命中有許多的轉折，每一次都轉折都是選擇。這次我分享的主題是「生命的轉折與選擇」，藉著自己的故事讓你們知道，上帝給了我身體的缺陷，卻為我帶來一份生命的禮物;智慧與勇氣，以積極正面的心態投身到生活中去。希望未來即將展開人生的你們，好好的享受生命要帶給每一個人不同的禮物，這當中或許有挫折有挑戰，但請相信，每一個考驗的背後，都有一份生命的禮物要送給你們。

109 04.16

漫談產業發展與材料科技

講者	張瑞欽（華立企業、華宏新技、長華塑膠等公司董事長暨集團總裁）
推薦書籍	成功創業典範
給學生的一段話	了解產業發展方向與未來發展的趨勢，再結合自己的志趣，好好發展屬於自己將來的事業或職業。

109 04.23

一個菜鳥YouTuber的異想世界——追求夢想與生涯規劃

講者	JR Lee（YouTuber影音部落客）
推薦書籍	（一）記事本圓夢計畫 （二）卡內基溝通與人際關係：如何贏取友誼與影響他人
給學生的一段話	No matter where you are, don’t be affected the environment, don’t be limited by your surroundings. Live your life like a clock. 不論到哪裡，不要受到環境的影響，不要受到外在的限制，而是要像鐘錶一樣度過生活。

109 05.15 勇敢開闊視野追夢想

講者	張希慈（城市浪人共同創辦人，二〇一七年「富比士三十歲以下亞洲最具潛力傑出人士」得主）
推薦書籍	（一）感謝我們始終對話 （二）讓天賦自由
給學生的一段話	想做什麼就去做吧！從來沒有人能保證我們能等到他們口中的「未來」來到！

109 05.21 失敗的正能量

講者	林生祥（高雄市立左營高級中學體育教師兼現代五項教練，高雄市擊劍人才培育協會幹事）
推薦書籍	（一）失敗這回事 （二）峰與谷
給學生的一段話	規劃再詳細，重點在執行

109 05.28 從半導體到AI助你找出助人利己的職涯

講者	盧超群（鈺創科技、鈺群科技暨鈺立微電子等公司董事長及創辦人）
推薦書籍	（一）這一生，你想留下甚麼？史丹佛的10堂領導課 （二）人工智慧來了

給學生的一段話	秉持真善美學、品味生命：一生向上、無需掌聲、飲水思源、了解自我、但求無愧；找出適合自己且有興趣之學涯付諸深入學習與工作、廣泛體驗人類已發掘之學識再上層樓、永遠在困難中確認自我的價值；一路堅持、一路觀賞、有伴最好、留些時間與空間，給家人與他人一些正向的影響；既然不易改變別人與環境，就多反求自己、保持幽默、提昇格調、無害他人、笑傲江湖吧！

109
06.11

豁出去，用力丟就對了	
講者	郭泓志（郭泓志運動發展協會理事長）
推薦書籍	後勁王建民LATE LIFE: THE CHIEN-MING WANG STORY
給學生的一段話	人生不怕輸得苦，只怕沒得賭

109
09.14

只要我長大	
講者	馬天宗（大清華傳媒股份有限公司總監製）
推薦書籍	（一）異數：超凡與平凡的界線在哪裡？
	（二）表演力：二十一世紀好萊塢演員聖經，查伯克十二步驟表演法將告訴你如何對付衝突、挑戰和痛苦，一步步贏得演員的力量。
	（三）再啟蒙的年代：為理性、科學、人文主義和進步辯護。
給學生的一段話	「人生很長」

109
09.21

從履歷表看職涯規劃

講者	謝詠芬（閎康科技股份有限公司創辦人暨執行長）
推薦書籍	（一）一切從基本做起 （二）把心放上去
給學生的一段話	成功，少不了努力的元素，但是努力要走向正確的方向。

109
09.28

有一種翻轉叫偏鄉

講者	王政忠（南投縣立爽文國民中學教師）
推薦書籍	（一）老師，你會不會回來？ （二）我有一個夢
給學生的一段話	成就自己是快樂的，但成就他人會帶來一百倍的快樂

★感謝贊助：
旺宏電子股份有限公司
璨揚企業股份有限公司
三隆齒輪股份有限公司

歷年場次表

106.09.26	精彩就在看不見之後
講　者	林信廷（表演藝術者，金鐘獎行腳節目主持人，視障勇士）
106.10.03	NO到YES的路徑
講　者	黃米露（小路映画工作室創辦人、插畫經紀人、策展人）
106.10.17	用智慧和勇氣活出生命熱情
講　者	江秀真（臺灣女登山家）
106.10.24	生涯規劃——優先順序的安排
講　者	許重義（中國醫藥大學講座教授，前臺北醫學大學校長）
106.10.31	成功無憾的人生——畢業以前要知道的事情
講　者	黃肇瑞（國立成功大學材料科學及工程學系講座教授，前國立高雄大學校長）
106.11.07	在地表演藝術的創新與創價
講　者	陳欣宜（新古典室內樂團團長、鋼琴教育家）
106.11.14	人生思考題
講　者	陳力俊（中央研究院院士、前國立清華大學校長）
106.11.21	檢驗的世界和 燃燒你的天賦
講　者	楊崑山（SGS台灣檢驗科技股份有限公司東亞區營運長暨臺灣區總裁）
106.11.28	改變一生的相逢
講　者	徐重仁（筑誠創研股份有限公司董事長、臺灣「流通業教父」、企業經營，前統一超商7-11總經理、前全聯實業總裁）
106.12.05	我的光電之旅
講　者	吳炳昇（奇景光電股份有限公司董事長）

106.12.12	**高科技創業甘苦談**
講　　者	吳敏求（旺宏電子股份有限公司董事長暨執行長）
106.12.19	**旅行中與真、善、美相遇**
講　　者	陳維滄（川流文教基金會董事長、社團法人台灣環境資訊協會首席顧問、川流中學名譽校長）
106.12.26	**從心出發——黃丁盛鏡頭下的世界**
講　　者	黃丁盛（國際知名攝影家、用照片說故事的世界旅人）
107.03.05	**因為懂得而慈悲的教育法觀**
講　　者	許育典（國立成功大學社會科學院院長，前臺南市副市長）
107.03.12	**容納生活的場所**
講　　者	趙建銘（趙建銘建築師事務所創辦人）
107.03.19	**讓你的興趣變成夢幻工作與生活——BaNAna Lin · 阿蕉插畫設計品牌分享**
講　　者	林彥良（獨立品牌BaNAna Lin · 阿蕉負責人）
107.03.26	**環遊世界一萬天與身心靈成長**
講　　者	眭浩平（知名作家、旅行家與世界文化史教授）
107.04.09	**Life is like riding a bicycle. To keep your balance, you must keep moving. - Albert Einstein**
講　　者	吳炳昌（奇景光電股份有限公司執行長）
107.04.16	**克服心中的敵人**
講　　者	江偉君（社團法人脊髓潛能發展中心董事）
107.05.07	**從答題到出題**
講　　者	張有德（益安生醫股份有限公司董事長）

107.05.14	**挑戰不可能最快樂：用幽默的態度面對人生，享受挫折帶來的樂趣**
講　　者	鍾瑩瑩（華錦顧問股份有限公司董事長、欣昌錦鯉有限公司總經理）
107.05.21	**我的學思歷程**
講　　者	陳定信（國立臺灣大學醫學院內科特聘講座教授、中央研究院院士）
107.05.28	**創業與創新經驗談：半導體的過去、現在、未來**
講　　者	胡國強（前聯華電子股份有限公司董事長暨執行長）
107.06.04	**音樂的極限運動**
講　　者	潘絃融（The Pure純粹人聲樂團音樂總監、全國音樂學科中心阿卡貝拉講師）
107.06.11	**無憾的人生就是與時俱進的終身學習和反省**
講　　者	黃肇瑞（國立成功大學材料科學及工程學系講座教授，前國立高雄大學校長）
107.09.20	**要辛苦三年還是三十年，由你自己決定**
講　　者	洪鎮海（儒鴻企業股份有限公司董事長）
107.09.27	**充實你的人生**
講　　者	朱秋龍（台灣保來得股份有限公司總經理）
107.10.04	**轉動齒輪，迎向未來**
講　　者	廖昆隆（三隆齒輪股份有限公司董事長）
107.10.11	**生涯規劃**
講　　者	余光華（崑山科技大學教授，前臺鹽實業股份有限公司、台灣肥料股份有限公司董事長）

107.10.18	新藥研發：從阿斯匹靈談起
講　　者	張文昌（臺北醫學大學董事長、臺北醫學大學講座教授、國立成功大學名譽特聘講座、中央研究院院士）
107.10.25	找到你的大聯盟
講　　者	余定陸（應用材料集團副總裁暨臺灣區總裁）
107.11.01	自習課
講　　者	杜振熙（任性的人工作室負責人）
107.11.22	建築——科技與藝術的相遇
講　　者	潘冀（潘冀聯合建築師事務所主持人、美國建築師協會院士）
107.11.29	感謝我不完美的人生
講　　者	張雅婷（臺灣舞蹈家）
107.12.06	我的故事，我的歌
講　　者	紀政（財團法人希望基金會董事長、亞洲飛躍的羚羊）
107.12.13	走過的路才算數
講　　者	Duncan Lin（臺灣圖文創作者）
107.12.20	我的醫學生涯——兼談健保改革
講　　者	李伯璋（衛生福利部中央健康保險署署長）
107.12.27	平凡中見不凡——從屏東到紐約的設計師之路
講　　者	江孟芝（美國夢界實驗設計工作室創意總監、紐約視覺藝術學院研究所講師）
108.01.03	鍾愛一生
講　　者	簡朝和（國立清華大學材料科學工程學系特聘教授、璟德電子工業股份有限公司創辦人）

108.02.25	**用美好心意與世界相聚**
講　　者	楊士毅（臺南剪紙藝術家）
108.03.04	**人生的金字塔如何登頂？**
講　　者	謝詠芬（閎康科技股份有限公司創辦人暨執行長）
108.03.11	**安靜是種超能力**
講　　者	張瀞仁（美國非營利組織Give2Asia亞太區經理）
108.03.18	**一塊晶圓餅乾，讓世界看見臺灣**
講　　者	黃淑君（Choice巧思：思品有限公司董事長）
108.03.25	**堅持的力量**
講　　者	張泰山（職棒球星）
108.04.08	**打造你的三創人生：創新、創意、創業**
講　　者	劉音岑（克林食品店總經理）
108.04.15	**讀萬卷書、行萬里路**
講　　者	高強（國立成功大學工業與資訊管理學系講座教授，前國立成功大學校長）
108.04.22	**一年計畫，十年對話：認識未來的我！**
講　　者	褚士瑩（國際NGO工作者、公益旅行家、作家）
108.04.29	**我的生醫旅程**
講　　者	張有德（益安生醫股份有限公司董事長）
108.05.06	**驀然回首，雲淡風輕**
講　　者	楊啟航（台灣產業創生平台榮譽執行長）

108.05.13	**快樂工作學：九條命不如九種心**
講　　者	馬克（臺灣圖文創作者）
108.06.3	**沒有大風大浪的人生告訴我的事情**
講　　者	黃肇瑞（國立成功大學材料科學及工程學系講座教授，前國立高雄大學校長）
108.06.10	**越壞的時代下，我們越該做自己**
講　　者	徐嘉凱（SELF PICK創辦人、導演、編劇）
108.09.19	**蔡明助重现文藝復興時代的製琴藝術**
講　　者	蔡明助（國際名製琴藝術家）
108.09.26	**走不一樣的路**
講　　者	吳誠文（國立清華大學電機工程學系特聘講座教授，前世界少棒冠軍巨人少棒隊主力投手）
108.10.03	**讓運動成為教育的一環**
講　　者	球學：何凱成（球學聯盟執行長）
108.10.17	**不設限，才能突破極限**
講　　者	李筱瑜（亞洲三鐵一姐）
108.10.24	**如何走出重度憂ㄩ、症＋世界旅行**
講　　者	林明政（效果書局集團董事長）
108.10.31	**阮是漫畫家**
講　　者	阮光民（臺灣漫畫家）
108.11.07	**從魯蛇邊緣人到鳳梨王子，楊宇帆種出新人生**
講　　者	楊宇帆（鳳梨王子）

109.10.05	**我在努力的路上學到的事**
講　　者	周苡嘉（國立陽明交通大學電子物理系副教授）
109.10.12	**舊鞋救命——失控，是最好的安排**
講　　者	楊右任（舊鞋救命創辦人）
109.10.19	**堅持，與自己對決的勇氣**
講　　者	劉柏君（社團法人台灣運動好事協會擔任創辦人）
109.10.26	**攀向沒有頂點的山**
講　　者	詹喬愉（臺灣女性登山家）
109.11.02	**如何走向成功之路**
講　　者	林書鴻（長春集團創辦人）
109.11.09	**世界新極限**
講　　者	林義傑（義傑事業執行長）
109.11.30	**毅力**
講　　者	呂振裕（安裕電動工具行老闆）
109.12.07	**打不破的玻璃心**
講　　者	朱芯儀（視障心理諮商師）
109.12.14	**走在持續學習與成長的路上**
講　　者	沈士傑（力旺電子股份有限公司總經理）
109.12.21	**旅行的模樣——獨立思考與國際視野培養**
講　　者	陳浪（旅人作家）
110.03.04	**從記錄到保存臺灣建築文化遺產的不歸路**
講　　者	傅朝卿（國立成功大學建築學系教授）

APPENDIX

110.03.11	**新世代NPO經營：以Skills for U推動技職議題為例**
講　者	黃偉翔（技職3.0執行長）
110.03.18	**學術創新路**
講　者	陳良基（國立臺灣大學電機工程學系特聘教授）
110.03.25	**我的選擇，是把生命活得更好**
講　者	徐凡甘（為台灣而教長期影響力協會常務理事）
110.04.08	**當傳承遇上創新**
講　者	李雄慶（舊振南食品股份有限公司董事長）
110.04.15	**我還是要繼續釀梅子酒**
講　者	張西（知名華文女作家）
110.04.22	**監獄、私娼寮、基隆老查某卡拉OK——編劇的田野調查之旅**
講　者	詹傑（臺灣知名的編劇）
110.04.29	**還想浪費一次的風景**
講　者	蔡傑曦（攝影師、作家）
110.05.20	**逆風更要勇敢飛翔**
講　者	余秀芷（漢聲廣播電臺主持人）
110.05.27	**從學涯到職涯的三道成功錦囊**
講　者	陳其宏（佳世達科技股份有限公司董事長）
110.06.03	**啟程、流浪、回家——屬於你自己的人生壯遊**
講　者	宋睿祥醫師（長庚醫療財團法人基隆長庚紀念醫院一般外科主任）
110.06.10	**攀登人生高峰**
講　者	高銘和（自然人文研究工作者）

110.09.23	**未來的機會與挑戰**
講　　者	高啟全（晶芯半導體（黃石）有限公司董事長）
110.09.30	**逆轉人生——聽見幸福在唱歌**
講　　者	許超彥（蘭心診所醫師）
110.10.07	**誠致教育創業家**
講　　者	方新舟（誠致科技股份有限公司創辦人暨董事長）
110.10.14	**我的學習**
講　　者	王小棣（臺灣知名電影、電視劇的編劇和導演）
110.10.21	**後疫情，韌性城市永續生活**
講　　者	張清華（九典聯合建築師事務所的主持建築師）
110.10.28	**從都市計畫到日更YouTuber背後的迷惘**
講　　者	張志祺（時事領域YouTuber、圖文不符／簡訊設計共同創辦人）
110.11.04	**人生不設限：從主播臺走向世界秘境**
講　　者	廖科溢（寰宇新聞台主播、亞洲旅遊台《發現大絲路》、《北緯三十度》主持人）
110.11.18	**阿善師的鑑識人生與案例分享**
講　　者	謝松善（財團法人李昌鈺博士物證科學教育基金會副執行長，前臺北市政府警察局鑑識中心主任）
110.12.09	**積善**
講　　者	許峰源（律師、作家）
110.12.16	**逆風更要勇敢飛翔**
講　　者	余秀芷（作家、漢聲廣播電台主持人）

110.12.23	**在世界史中尋找臺灣**
講　者	涂豐恩（《故事》創辦人、聯經出版事業股份有限公司總編輯）
110.12.30	**企業轉型，打造世界級數位服務**
講　者	蘇柏州（凱鈿行動科技股份有限公司Kdan Mobile創辦人）
111.02.24	**Lady Gogo**
講　者	黃偵玲（綜合格鬥／柔術選手）
111.03.03	**迷茫是為了更好的奔往**
講　者	不朽（知名華文女作家）
111.03.10	**高熵材料的開創及原點訓練的重要性**
講　者	葉均蔚（國立清華大學材料學系特聘教授）
111.03.17	**世界規則，由我改寫定義——將次文化帶進奧運的推手**
講　者	陳柏均（HRC舞蹈工作室創辦人）
111.03.24	**我們距離鋼鐵人的生活還有多遠？**
講　者	陳縕儂（國立臺灣大學資訊工程學系副教授）
111.04.07	**春池學——循環設計與循環經濟**
講　者	吳庭安（春池玻璃實業有限公司副總經理）
111.04.14	**職涯規劃與面對衝突應有的態度**
講　者	林弘男（中國鋼鐵股份有限公司高級顧問，前中國鋼鐵股份有限公司總經理）
111.04.21	**看見自己，看見需要，找到屬於自己的路**
講　者	呂冠緯（均一平台教育基金會董事長暨執行長）
111.05.12	**人生的一道數學題**
講　者	賴以威（數感實驗室創辦人）

111.05.19	**IP影響力**
講　　者	簡廷在（豪門國際開發股份有限公司董事長）
111.05.26	**「Stan哥的思維：反向思考 正向樂觀」**
講　　者	施振榮（宏碁集團創辦人暨榮譽董事長）
111.06.09	**記憶與技藝的傳承**
講　　者	蔡舜任（蔡舜任藝術修復工事創辦人）
111.09.15	**一條鮮少人跡的熊徑：臺灣黑熊保育研究的故事**
講　　者	黃美秀（生物學家）
111.09.22	**微小的開始，也能成為巨大的改變**
講　　者	嚴天浩（Lis情境科學教材創辦人）
111.09.29	**力量來自渴望——問題不在難度，而在態度**
講　　者	戴晨志（臺灣知名作家）
111.10.06	**其實一生只需要幾個簡單的道理**
講　　者	許銘仁（微熱山丘創辦人）
111.10.13	**阿月老師的多重宇宙**
講　　者	李悅寧（國立臺灣師範大學地球科學系助理教授）
111.10.20	**Fortune in Me 幸運，我的超能力**
講　　者	蔡祈岩（台灣大哥大資訊長）
111.10.27	**從情緒出發，來一段自我探索之旅**
講　　者	陳志恆諮商心理師
111.11.03	**我的未來不是只有夢：快樂學習 歡喜心迎接挑戰**
講　　者	呂慶龍（資深外交官）

111.11.10	南方歌未央 醫療到偏鄉
講　　者	謝仲思醫師（枋寮醫院醫療副院長）
111.12.01	運動教會我的事——用熱情燃燒的創業路
講　　者	張憲銘（展逸國際行銷創辦人，前中華隊籃球國手）
111.12.08	從馬戲劇團到馬戲品牌
講　　者	林智偉（FOCA福爾摩沙馬戲團團長）
111.12.15	人生從自我要求開始
講　　者	宋青陽（臺灣男子短距離競速滑輪溜冰和競速滑冰選手）
111.12.22	「從動畫創作到產業實踐」
講　　者	邱立偉（studio2兔子創意股份有限公司導演）
112.02.23	從新媒體到教育：臺灣吧創業分享
講　　者	蕭宇辰（臺灣吧Taiwan Bar共同創辦人暨執行長）
112.03.02	走一條不一樣的路
講　　者	謝文侃（臺南老屋民宿「謝宅」創辦人）
112.03.09	從博士生到小學生，從一般生到特教生
講　　者	蘇文鈺（國立成功大學資訊工程學系教授）
112.03.16	在你裡面的比世界更大
講　　者	盧建彰（廣告導演）
112.03.23	我的人生無限實驗室
講　　者	李靖文（台南晶英酒店總經理）
112.03.30	是那些無關緊要的小事，讓我們成為了獨一無二的人
講　　者	林達陽（臺灣知名作家）

112.04.13	**許地球一個美好的未來，你我都不是局外人——女科學人的斜槓人生**
講　　者	林麗瓊（中央研究院院士）
112.04.20	**寧願臺下流血，也不要臺上流淚——我的拳擊夢想之路**
講　　者	林郁婷（拳擊世界冠軍）
112.05.11	**面對迷惘的勇氣——設計自己的職涯地圖**
講　　者	蘇益賢（臨床心理師）
112.05.18	**融合創新：主播如何在轉型中尋求新機會**
講　　者	郭安妮（美商中經合集團副總經理，中天前主播）
112.05.25	**找自己的時間表：你完全不用擔心自己的未來**
講　　者	黃以萱（敏迪選讀創辦人）
112.06.01	**我的藝術生涯**
講　　者	林智信（臺灣藝術家）

精英論壇系列課程

這本精英論壇系列五《站在舒適圈看初心》的出版，首先要感謝某知名企業、旺宏電子吳敏求董事長、璨揚企業黃文献董事長及三隆齒輪股份有限公司廖昆隆董事長的共同贊助，感謝他們對於支持高等教育的熱忱，和對於社會的回饋。

本書的書名《站在舒適圈看初心》，是源自璨揚企業黃文献董事長，在本書中的一篇文章題目。

歷年來對於本精英論壇系列課程的贊助企業如下：

106學年度由奇景光電股份有限公司吳炳昇董事長贊助開設「奇景光電精英論壇」、107學年度由益安生醫股份有限公司張有德董事長贊助開設「張有德精英論壇」、108學年度由某不具名的知名企業贊助開設「成創精英論壇」、109學年度由旺宏電子股份有限公司吳敏求董事長贊助開設「旺宏電子精英論壇」、110學年度由華立企業股份有限公司張瑞欽董事長贊助開設「華立企業精英論壇」課程、111學年度由閎康科技股份有限公司謝詠芬董事長贊助開設「閎康科技精英論壇」課程，112學年度將由舊振南食品股份有限公司李雄慶董事長贊助開設「舊振南企業精英論壇」。

精英論壇系列主編

主編黃肇瑞現職國立成功大學材料科學及工程學系講座教授、中國材料科學學會理事長、教育部／科技部深耕計畫：國立成功大學綠能材料研究中心主任兼計畫總主持人。

曾任國立高雄大學校長、國立成功大學研發長，科技部奈米國家計畫辦公室共同主持人，獲頒科技部三次傑出研究獎及傑出特約研究員，國立清華大學工學院傑出校友，美國陶瓷學會會士，亞太材料科學院院士，並為國內第一位獲頒世界陶瓷學院（WAC）院士。生涯致力於陶瓷材料科學及工程的研究和教學，專長於精密陶瓷、表面鍍膜、複合材料、奈米材料、能源材料；對於新材料的研發以及創新的理論機制有所貢獻，發表三百餘篇國際學術期刊論文，獲得國內外諸多學術、榮譽奬項，並有豐富的高等教育行政歷練。

因為樂觀、積極而認為人生沒有什麼過不去的坎，近年來希望可以影響更多的年輕人和鼓勵大量閱讀，因此憑著一股熱忱和企業的贊助，於2017年起開設一系列的全校通識課程「生涯規劃—— 精英論壇」，並將授課的內容整理成逐字稿，由成大出版社出版精英論壇系列叢書。

精英論壇系列一

精英的十三堂課
2019 年 5 月初版
9789865635442

（電子書）

精英論壇系列二

從答題到出題：Don’t Always Ask for Permission
2020 年 7 月初版
9789865635466

精英論壇系列三

人生的金字塔
2021 年 5 月初版
9789865635510

精英論壇系列四

走出不一樣的路
2022 年 10 月初版
9789865635718

站在舒適圈看初心

Always Remember Your Initial Aspiration

主　　編 | 黃肇瑞

發 行 人　蘇慧貞
發 行 所　財團法人成大研究發展基金會
出 版 者　成大出版社
總 編 輯　徐珊惠
執行編輯　吳儀君
責任編輯　林雅雯
地　　址　70101台南市東區大學路1號
電　　話　886-6-2082330
傳　　真　886-6-2089303
網　　址　http://ccmc.web2.ncku.edu.tw

排　　版　菩薩蠻數位文化有限公司
印　　製　秋雨創新股份有限公司
初版一刷　2023年11月
定　　價　420元
I S B N　9789865635978

政府出版品展售處

・國家書店松江門市
10485台北市松江路209號1樓
886-2-25180207

・五南文化廣場台中總店
40354台中市西區台灣大道二段85號
886-4-22260330

國家圖書館出版品預行編目（CIP）資料

站在舒適圈看初心 = Always remember your initial aspiration / 黃肇瑞主編. -- 初版. -- 臺南市 : 成大出版社出版 : 財團法人成大研發基金會發行, 2023.11
面；　公分. --（精英論壇系列 ; 5）
ISBN 978-986-5635-97-8（精裝）

1.CST: 自我實現　2.CST: 生涯規劃

177.2　　112018258